WELTKUNST
Antiquitäten-Führer

Kunst und Antiquitäten
von A bis Z

WELTKUNST
Antiquitäten-Führer

Renate Möller
Dieter Weidmann

Kunst und Antiquitäten von A bis Z

Deutscher Kunstverlag

WELTKUNST
Antiquitäten-Führer

Herausgeberin: Dr. Renate Möller

Titelabbildungen: Empire-Stuhl, Belgien, um 1800. Kirschholz geschnitzt, geschwärzt.
(Foto: Daxer & Marschall, München) –
Jugendstil-Lampe, Paris, Paul Follot, um 1900. Bronze, Glasschirm in Form eines Blattes.
(Foto: Schürenberg, Düsseldorf) –
Putto, Ignaz Günther, um 1760. (Foto: Georg Urban, München)

Umschlagrückseite: Blumenstilleben, Aquarell und Deckfarben in der Art
des Jan van Huysum, 19. Jh. (Foto: Bassenge, Berlin)

Frontispiz: Straßen-Drehorgel, »L. Bacigalupo, BERLIN N. 113, Schönhauser Allee 79«.
Walze mit acht Liedern. (Foto: Dr. Nagel, Stuttgart)

Die Deutsche Bibliothek – CIP-Einheitsaufnahme
Kunst und Antiquitäten von A bis Z /
Renate Möller ; Dieter Weidmann. –
München ; Berlin : Dt. Kunstverl., 1996
(Weltkunst Antiquitäten-Führer)
ISBN 3-422-06179-7
NE: Möller, Renate; Weidmann, Dieter; Kunst und Antiquitäten

© 1996 Deutscher Kunstverlag GmbH München Berlin
Konzeption: Dr. Renate Möller
Grafik: Atelier Höpfner-Thoma, München
Umschlaggestaltung: Gabriela Pohl
Layout: Teresa French
Lektorat: Elisabeth Motz
Herstellung: Rudolf Winterstein
Lithos: Repro-Center Färber, München
Druck: Hofmann-Druck, Augsburg
Bindung: Großbuchbinderei Monheim, Monheim

ISBN 3-422-06179-7

Inhalt

Vorwort 7
Einführung 8
    Gelegenheitskäufer und Sammler: die Faszination von Kunst und Antiquitäten 8
    Diese Fachbegriffe sollten Sie kennen 11
    Die wichtigsten Stil- und Epochenbegriffe im Überblick 16
Das müssen Sammler wissen 17
    Pflege, Restaurierung und Aufbewahrung 17
    Die Kosten einer Restaurierung 19
    Original, Fälschung und Verfälschung 20
    Expertisen 22
    Wertvolles sichern und versichern 23
Markttrends und Tips 24
    Marktlage und Preise 24
    Kapitalanlage 25
    So funktioniert eine Versteigerung 25
    Wo und wie einkaufen? 27
Zur Bildauswahl und zu den Preisen im Buch 29
Bildgeber und Abbildungsnachweis 30
Die einzelnen Bereiche von A bis Z 32
    Africana 33
    Art déco 37
    Asiatica 44
    Fayence 50
    Gemälde 54
    Glas 60
    Graphik 68
    Jugendstil 74
    Moderne Kunst 79
    Möbel 85
    Plastik 101
    Porzellan 106
    Postkarten 115
    Schmuck 119
    Silber 125
    Spielzeug und Puppen 129
    Steinzeug 134
    Teppiche und Flachgewebe 138
    Uhren 143
    Varia 151
    Zinn 158
Infos 162
    Literatur 162
    Museen 163
    Sachverständige 166
Stichwortregister 167
Anzeigen 171

Vorwort

Mit diesem Bildband und Nachschlagewerk in einem präsentieren wir Ihnen eine aktuelle Buchreihe, die sich an Sammler, Fachleute und Liebhaber von Kunst und Antiquitäten gleichermaßen wendet.

Die das Thema mit exemplarischen Beispielen illustrierende Bildauswahl erfolgte vor allem unter Marktkriterien. Der erläuternde Text steht direkt bei den Abbildungen und bietet wichtige Sachinformationen.

Das Spektrum reicht von einfacheren Stücken bis hin zu Kostbarkeiten, für die sechs- und siebenstellige Preise verlangt werden. Um dem wachsenden Interesse an neuen Sammelthemen entgegenzukommen, wurden bewußt auch Bereiche wie Modeschmuck, Bierkrüge, Comic-Hefte, Überraschungseierfiguren oder Textilien vorgestellt und preislich bewertet. Im Einleitungsteil erfahren Sie in knapper und übersichtlicher Form die wesentlichen Fakten und Informationen, die Sie kennen sollten, um sich im Kunsthandel und auf Auktionen sicher zurechtzufinden.

Dieser Preisführer wurde geschrieben, um dem Nichtspezialisten einen Überblick über die weitgefächerten Bereiche des Kunst- und Antiquitätenmarktes zu verschaffen. Natürlich kann und soll hier nicht die ganze unermeßliche Fülle des Materials ausgebreitet werden; unsere Absicht ist es vielmehr, durch eine pointierte Auswahl den Einstieg zu erleichtern.

Der Münchner Restauratorin Frau Verena Essl-Lutz möchten wir an dieser Stelle unseren Dank für das interessante und informative Gespräch ausdrücken.

Unser ganz besonderer Dank gebührt wieder dem Team des Deutschen Kunstverlags, vor allem Frau Elisabeth Motz (Lektorat), Herrn Rudolf Winterstein (Herstellung) und den Grafikerinnen Frau Gabriela Pohl und Frau Teresa French, die mit sehr viel Engagement diese neue Buchreihe betreuen.

München, im Frühjahr 1996
Dr. Renate Möller
Dr. Dieter Weidmann

Perückenkopf der 20er Jahre mit Zylinder, 50er Jahre-Brille und Art déco-Collier.

Einführung

Gelegenheitskäufer und Sammler: die Faszination von Kunst und Antiquitäten

Kunst und Antiquitäten spielen in unserer hochtechnisierten und novitätensüchtigen Welt eine Außenseiterrolle. Sie stellen eine fremde und geheimnisumwitterte Welt dar, in die sich anscheinend ein Kreis von Kennern, Liebhabern und Außerwählten zurückzieht, um sich am Schönen und Kostbaren zu erfreuen.

Das Sammeln von Kunst und Antiquitäten war in früheren Zeiten der Oberschicht vorbehalten, die in ihren Wunderkammern alles Außergewöhnliche und Sonderbare zusammentrug, dessen sie habhaft werden konnte. Neben obskuren Reliquien und »Einhörnern« stapelten sich hier mehr oder weniger bedeutende Kunstwerke, welche die Keimzelle vieler bedeutender Museen bildeten. Erst in vergleichsweise später Zeit wurde aus der Liebhaberei einiger weniger das Tummelfeld von Spezialisten, als sich im 19. Jahrhundert das Fach Kunstgeschichte begründete, dessen Vertreter sich nun mit Zettelkasten und Maßband bewaffnet auf die Schätze der Vergangenheit stürzten. Zugleich aber vergrößerte sich der Kreis der Sammler. Sammeln wurde Mode, und vieles wanderte von adeligen Schlössern in neureiche Salons.

Doch neben den Repräsentationskäufern und den Sammlern aus Geltungsstreben gab es nun auch die meist weniger betuchten, dafür aber mit umso mehr Enthusiasmus und Sachkenntnis ausgestatteten Kenner und Liebhaber, die oft mit beschränkten Geldmitteln, jedoch viel

Kommodenaufsatzschrank, Braunschweig, um 1760. Elfenbeinintarsien.

Begeisterung, erstaunliche Sammlungen zusammentrugen.

Zu nennen wären hier etwa jene berühmten Brüder Boisserée, die zahlreiche Meisterwerke altdeutscher Malerei vor der Vernichtung bewahrten, als diese während der Säkularisation aus den Kirchen gerissen wurden. Ihre Sammlung bildete den Grundstock der altdeutschen Abteilung der Alten Pinakothek in München.

So ist auch heute noch der Markt gewissermaßen in zwei Bereiche gespalten. Der eine ist der der medienwirksamen Auktionen, wo sich japanische Börsenjongleure, texanische Ölmilliardäre, mittelamerikanische Drogenbarone oder australische Finanzritter einerseits und das Getty-Museum andererseits gegenseitig die »Reliquien« der »heiligen Märtyrer« der modernen Kunst, allen voran van Gogh und Picasso, abzujagen versuchen und dabei die Preise in schwindelerregende Höhen treiben.

Normalerweise erfahren wir aus Funk, Fernsehen und den Printmedien überwiegend von diesen spektakulären Sammelbereichen, die aber das große Spektrum und die verschiedenen Anspruchsniveaus in keinster Weise repräsentativ wiedergeben. Für jedes Thema, das modisches und übersteigertes Interesse auf sich zieht, steht mindestens ein anderes, das vernachlässigt und unbeachtet bleibt. In diesen Bereichen sind die Preise moderat bis bescheiden. Nötig ist nur ein wenig Geduld und Muße, um sich mit ihnen vertraut zu machen.

Kunst und Antiquitäten lassen sich nicht maschinell herstellen und als Werke der Vergangenheit schon gar nicht vermehren. Daher steht hier einem ständig wachsenden Markt ein stagnierendes Angebot gegenüber. Es sind zwar nur verhältnismäßig wenige, die sich für Schönheit, Qualität, Geschichte und künstlerische Unmittelbarkeit interessieren, Menschen, die es zu schätzen wissen, sich mit echten und subtil gestalteten Gegenständen zu umgeben. Doch ihre Zahl steigt absolut gesehen, da sich immer breitere Bevölkerungsgruppen in immer mehr Ländern auf dieser Welt schöne Dinge leisten können.

Was ist eine Antiquität?

Eine Antiquität ist etwas, das antik ist. Antik kann jedoch verschiedenes bedeuten:

1. Als Fachbezeichnung bezeichnet es Objekte, die aus der Antike, also der Zeit vor dem Mittelalter, stammen.
2. Nach zollrechtlicher Definition müssen Objekte mindestens hundert Jahre alt sein, um als antik eingestuft zu werden.
3. Umgangsprachlich werden damit Gegenstände bezeichnet, die nicht mehr im regulären Handel zu bekommen sind.

Ein Aspekt, der den Wert einer Antiquität in einem wesentlichen Punkt bestimmt, ist sein Alter. Dabei kommt es jedoch auf das richtige Alter der richtigen Sache an. Ein Stein mag noch so alt sein, im Normalfall zahlt niemand etwas dafür. Alte Römerziegel liegen an bestimmten Orten in solchen Mengen herum, daß jeder sie aufheben kann und damit sind sie nichts wert. Umge-

In besonderen Fällen können auch Fälschungen kulturgeschichtlich bedeutsam werden und dadurch hohe Preise erzielen. Ein prominentes Beispiel stellen die Werke des berühmtesten Gemäldefälschers aller Zeiten dar, des Holländers Han van Meegeren (1889 – 1947).

Sein »Abendmahl« im Stile Vermeers wurde am 12. Dezember 1995 in Paris für umgerechnet 105.000 DM versteigert.

Dieses Bild ist Teil einer aufregenden Geschichte. Van Meegeren hatte in den 20er und 30er Jahren mehrere Gemälde im Stile Vermeers geschaffen, deren »Auffindung« von fast allen Experten der damaligen Zeit bejubelt wurde.

Probleme stellten sich erst ein, als man nach dem Ende des Zweiten Weltkrieges in Holland herausfand, daß van Meegeren ein Bild mit dem Titel »Christus und die Ehebrecherin« an Hermann Göring verkauft hatte. Van Meegeren wurde wegen Kollaboration mit den deutschen Besatzern vor Gericht gestellt. Um dieser Anklage und einer unter Umständen damit verbundenen Todesstrafe zu entgehen, »outete« er sich am 31. Mai 1945 als Bildfälscher und malte als Beweis im Gefängnis unter Aufsicht »Jesus unter den Schriftgelehrten«, ebenfalls im Stile Vermeers. Die Blamage für Museumsleute und Vermeer-Kenner war immens, und bedeutende Sammlungen waren um ein paar »Meisterwerke Vermeers« ärmer.

1947 wurde van Meegeren zu einer Gefängnisstrafe von einem Jahr sowie zur Rückzahlung des von ihm verursachten Schadens verurteilt. Ende des Jahres verstarb er jedoch, noch bevor er die Strafe antreten konnte.

kehrt gilt eine fünfzig Jahre alte Armbanduhr bereits als ausgesprochen »antik« und kann sehr teuer sein.

Warum sind Antiquitäten überhaupt etwas wert?

Für das Normalverständnis stellt eine Antiquität ein Paradox dar: Etwas ist nicht deshalb begehrt, weil es neu und modern ist und den letzten Stand der Technik repräsentiert, sondern weil es alt und unmodern ist und eben nicht dem High-Tech-Standard entspricht. Für viele Menschen ist das völlig unverständlich: Was soll an etwas Altem schon besonderes sein? Und wenn man schon alte Stilformen schön findet, warum kann man sie dann nicht einfach neu, besser und noch schöner herstellen (siehe das einschlägige Angebot sogenannter Stilmöbel im Möbelkaufhaus)?

Nachahmung oder Fälschung reicht nie an ein Original

Zum einen ist die handwerkliche Verarbeitung der originalen Stücke oft ausgesprochen aufwendig. Selbst wenn es heute noch Fachleute gibt, die diese Techniken beherrschen – was häufig nicht der Fall ist –, müßte deren Arbeit mit immensen Summen bezahlt werden und käme damit meist teurer als die entsprechende Antiquität.

Wenn etwa Möbel restauriert werden, kommt es häufig vor, daß die Restaurierungskosten höher liegen als der Wert des unrestaurierten Stückes (siehe dazu S. 19 f.). Auch darin liegt eine Ursache, warum es für Laien oft schwer ist, den Marktwert von Antiquitäten adäquat zu schätzen.

Der Grund, warum Antiquitäten so hohe Preise erzielen können, hat

Einführung

jedoch weniger mit handwerklicher Qualität als vielmehr mit stilistischer Unverwechselbarkeit und Authentizität zu tun. Wissenschaftlich ist das schwer zu erklären. Es ist eher eine Sache von Sensibilität und Erfahrung. Wir wissen, daß Künstler über einen mehr oder weniger eigenständigen Stil verfügen, der sie im Grunde unkopierbar macht. Dies hängt zum einen mit der künstlerischen Qualität zusammen, sei sie hoch oder auch nur mittelmäßig. Zudem ist jedes komplexere Produkt so sehr in allen seinen Aspekten von den spezifischen Besonderheiten und dem Grundcharakter seiner Zeit durchdrungen, daß es damit zum Dokument seiner Epoche wird.

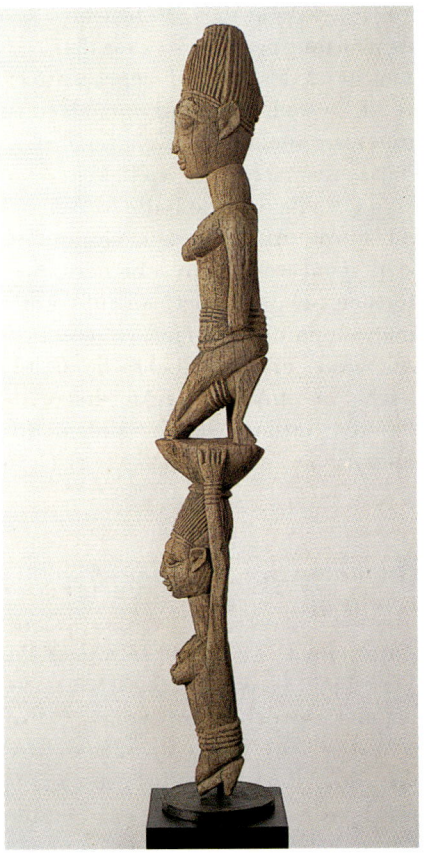

Ein sehr seltener Innenhofpfosten als Dachstütze. Vom Stamm der Yoruba in Nigeria, H. 142 cm.

Dazu ein Beispiel: Ein schlichter Biedermeiersekretär ist nicht unbedingt deswegen nicht kopierbar, weil es sich um ein unvergleichliches Meisterwerk handelt. Vielmehr ist er in seinem Material und dessen Behandlung, in der handwerklichen Herstellungsweise, in der Formgebung usw. vom Geist und Fühlen der Biedermeierzeit geprägt. Mit einer Antiquität oder einem Kunstwerk besitzt man daher nicht nur ein altes Objekt, sondern auch die Quintessenz des Denkens und Fühlens einer Epoche und eines Kulturkreises.

Damit erklärt sich auch, warum eine Replik nie an den Wert und die Bedeutung eines Originals herankommt. Denn eine Nachahmung oder eine Kopie verkörpert immer eine Interpretation des Originals und betont dabei, was man zu einer späteren Zeit in einer Sache gesehen und was man daran geschätzt hat.

Wie entsteht der Marktwert von Kunst und Antiquitäten?

Wie ein bestimmter Wert zustande kommt, darüber zerbrechen sich schon seit Jahrhunderten gelehrte Leute den Kopf, doch können wir hier alle philosophischen Theorien getrost beiseite lassen und uns auf die simple Regel konzentrieren: Angebot und Nachfrage bestimmen den Preis.

Dabei muß beides zusammentreffen, denn dort, wo nur ein geringes Angebot besteht, aber eine noch geringere Nachfrage, wird man keine großartigen Preise erzielen können. Dagegen treibt eine gesteigerte Nachfrage automatisch die Preise in die Höhe, während ein gesteigertes Angebot die Preise drückt. Übersteigt die Nachfrage das Angebot, kann es noch so groß sein: Die Preise werden trotzdem steigen. Da im Bereich von Kunst und Antiquitäten die Nachfrage nicht von Primärbedürfnissen gespeist wird, etwa dem nach Nahrung oder einem Dach über dem Kopf, ist sie in der Regel weniger leicht zu beurteilen oder vorauszusehen als etwa im Bäckergewerbe.

Kunst und Antiquitäten werden meist mit Geld gekauft, das die Leute übrig haben. Sind sie knapp bei Kasse, werden die meisten weder hungern noch auf einer Parkbank nächtigen wollen, sondern eher auf den Erwerb von Kunst und Antiquitäten verzichten.

In schlechten Zeiten sinken daher die Preise (wer klug ist und es sich leisten kann, kauft dann!). In guten Zeiten – wenn viele Leute überschüssiges Geld zur Verfügung haben – steigen sie (siehe dazu auch S. 24). Der Kunst- und Antiquitätenmarkt ist also durchaus an die Konjunkturschwankungen der allgemeinen Wirtschaft gekoppelt, wenngleich hier jedes Sammelgebiet eine eigenständige Entwicklung aufweist.

Wer kauft Kunst und Antiquitäten?

Die Käufer von Kunst und Antiquitäten sind Kenner, Sammler, Liebhaber, Ästheten oder auch Renommierer. Denn überall, wo etwas teuer ist, finden wir auch potentielle Angeber, die sich für eine Sache nur deshalb interessieren, weil sie damit ihre finanzielle Potenz ausdrücken und im Falle von Kunst und Antiquitäten zugleich ihre vermeintliche Bildung und Kultiviertheit zur Schau stellen können.

Da sich diese Leute ausschließlich für das interessieren, was gerade in Mode – und damit für jeden erkennbar teuer – ist, bleibt für »Normalsterbliche« noch eine ganze Menge an Kunst und Antiquitäten zu erschwinglichen Preisen übrig.

Kultur hat etwas mit Verfeinerung zu tun, und im Bereich der Kunst kommt es auf die feinen Unterschiede an.

Zwischen der hochpreisigen Museumsware und den Renommierobjekten sowie dem echten Trödel gibt es eine breite Mittelware – häufig auch Gebrauchsobjekte –, die nicht selten zu sehr moderaten Preisen angeboten wird. Vieles ist sogar günstiger als entsprechende neue Objekte.

Und während ein neues Sofa oder ein Porzellanservice, sobald Sie es aus dem Laden getragen haben, – selbst noch unbenutzt! – nur noch höchstens die Hälfte wert ist, legen Antiquitäten im Normalfall mit den Jahren an Wert zu.

Außerdem bedeutet es Lebensqualität, sich mit schönen alten Dingen zu umgeben. Und noch ein Pluspunkt, der immer mehr Bedeutung erhält: Sie bewahren Kulturgut und schützen Resourcen.

Diese Fachbegriffe sollten Sie kennen

Allegorie
Verbildlichte Darstellung eines abstrakten Begriffes.

Amphora
Zweihenkeliges Gefäß griechischer Herkunft, ursprünglich zur Aufbewahrung von Öl oder Wein.

Anilinfarben
Künstlich hergestellte, organische Farbstoffe, die Mitte des 19. Jahrhunderts erfunden wurden. Setzten sich trotz mangelnder Licht- und Farbechtheit u. a. bei Orientteppichen durch (siehe auch S. 138).

Anna selbdritt
Religiöse Gruppendarstellung der Mutter Anna und ihrer Tochter Maria mit dem Jesuskind. Das Bildthema

Antiquitätenladen in München.

war vor allem im 15. und 16. Jahrhundert beliebt (siehe Abb. Nr. 113).

Antikisieren
Die Nachahmung vergangener Stile, im engeren Sinne die Nachahmung der Kunst der Antike. Besonders häufig während der Renaissance und des Klassizismus.

Appliken
1. Auf Gegenstände – häufig Möbel – aufgesetzte Zierornamente.
2. Ein- oder zweiarmige Wandleuchter.

Arabeske
Ornamentform aus stilisierten Blattranken.

Archaisch
1. Stilbezeichnung der griechischen Kunst während des siebten und sechsten Jahrhunderts v. Chr.

Hinweise auf die Erklärung weiterer Begriffe, Namen, Erläuterungen etc. im laufenden Text finden sich im Stichwortregister.

2. Allgemeine Bezeichnung für die Stilmerkmale kunstgeschichtlicher Frühzeiten sowohl der westlichen als auch der außereuropäischen Kunst.

Arkade
Häufig für die Beschreibung von Möbelformen verwendeter Architekturfachbegriff für eine bogenförmige Öffnung oder ein als »Blendarkade« flach aufgesetztes Zierornament.

Art déco
Seit den 60er Jahren gebräuchliche Bezeichnung für den Stil der angewandten Kunst der 20er und 30er Jahre unseres Jahrhunderts. Der Begriff leitet sich von »Art décoratif« ab und geht auf die »Exposition internationale des Arts décoratifs et industriels modernes« im Jahre 1925 in Paris zurück.

Art nouveau
In Frankreich übliche Bezeichnung für den →Jugendstil, also die Stilepoche zwischen 1890 und 1920. Der Begriff geht zurück auf das 1895 von Samuel Bing in Paris eröffnete Geschäft »La Maison de l'Art Nouveau«.

Arts-and-Crafts-Bewegung
Von William Morris in der zweiten Hälfte des 19. Jahrhunderts initiierte Reformbewegung innerhalb der englischen Kunst und des Kunsthandwerks.

Ziel war die Bewahrung der traditionellen Handwerkskunst. Die industrielle Produktion sowie die Nachahmung historisierender Formen wurden abgelehnt.

Leider gelang es nicht, gutes Design, die auch breiteren Kreisen erschwinglichen gewesen wären, zu produzieren.

Baluster
Kurze, gedrungene Säule mit starker Schwellung.

Bandelwerk
Ornamentform der Rokokozeit, typisch durch sein reich geschwungenes und verflochtenes Bandornament (siehe Abb. Nr. 85).

Barock (1600–1760)
Europäischer Stil, charakterisiert durch plastisch schwellende und sehr dekorative Formen.

Bauhaus, Staatliches
1919 in Weimar als Nachfolge der dortigen Kunstgewerbeschule von Walter Gropius gegründet. 1933 von den Nazis geschlossen. Bedeutendste Kunst-, Architektur- und Designschule des 20. Jahrhunderts und Symbol eines funktionalistisch ausgerichteten Stils.

Beistelltisch
Drei oder vier Satztische, die ineinandergeschoben werden können. Typisch für englische Möbel des späten 18. und des 19. Jahrhunderts sowie für Jugendstilmöbel.

Bergère
Armlehnsessel.

Beschauzeichen
Kennzeichnung der Qualität und des Feingehaltes bei Metallegierungen.

Bezeichnung
Meist als »Bez.« oder »bez.« abgekürzte Wiedergabe des auf Kunstwerken oder Kunsthandwerk angegebenen Künstler- oder Meisternamens, meist der Signatur, manchmal mit Datierung.

Biedermeier (1810–1848)
Bezeichnung für die Epoche – vor allem im deutschsprachigen Raum – zwischen 1810 und 1848. Der Begriff Biedermeier geht zurück auf zwei

Chinesisches Blauweiß-Porzellan, Quin-Dynastie, Kangxi-Zeit (1662–1722), H. ca. 48 cm. Typisches, für den Export nach Holland geschaffenes Stück aus der Zeit vor 1700. Derartige Vasen gehörten meist zu einer fünfteiligen Garnitur.

Gedichte des Dichters Viktor von Scheffel, die 1848 in den »Fliegenden Blättern« erschienen waren: »Bummelmeiers Klage« und »Biedermanns Abendgemütlichkeit«. Daraus kreierte der Arzt Adolf Kußmaul in satirischer Absicht den fiktiven Autor Gottlieb Biedermaier. Zusammen mit seinem Freund, dem Juristen Ludwig Eichrodt, ließ Kußmaul zwischen 1853 und 1857 zahlreiche Gedichte aus der Feder des »Gottlieb Biedermaier« publizieren.

Als kunsthistorischer Stilbegriff wurde das Wort »Biedermeier« – inzwischen mit »ei« – erst ab etwa 1900 verwendet.

Birnkrug
Birnförmiger Krug, häufig aus Fayence, Steinzeug, Zinn, seltener aus Porzellan (siehe Abb. Nr. 29).

Blauweiß-Porzellan
Chinesisches, mit Kobaltblau bemaltes Porzellan.

Bleikristall
Eine Erfindung des Engländers George Ravencraft (1632 bis 1683), Vorläufer des böhmischen →Kristallglases.

Die Zugabe von Blei bewirkt einen niedrigeren Schmelzpunkt und verbessert die Lichtbrechungsfähigkeit.

Blindholz
Konstruktionsholz bei Möbeln (meist Nadelholz, selten Eiche), auf welches das Furnier aufgebracht wird.

Bone China
Auch als »Knochenporzellan« bezeichnet. Sein Name rührt von einem 50- bis 65prozentigen Anteil von Knochenasche oder Phosphaten an der Masse her.

Aufgrund niedriger Garbrandtemperaturen kann eine im Vergleich zum →Hartporzellan breitere Palette von Unterglasurfarben verwendet werden.

Boulletechnik
Eine von André Charles Boulle (1642–1732) erfundene Technik der →Marketerie aus Schildpatt und/oder Elfenbein und Metall (meist Messing oder Zinn).

Bozzetto
Aus dem Italienischen kommender Begriff für den ersten künstlerischen Entwurf, meist bei Plastiken oder Fresken.

Seit Jahrhunderten bei Sammlern wegen des unmittelbaren künstlerischen Ausdrucks geschätzt.

Inzwischen gibt es auch Fachhändler, die Möbel und Design der 50er und 60er Jahre anbieten.

Britanniametall
Seit etwa 1770 in England hergestellte Zinn-Kupfer-Antimon-Legierung als Ersatz für Silber.

Bronzepest
»Erkrankung« alter Bronzegegenstände, die zu deren Zersetzung führt. Äußert sich durch grüne Flecken in der Patina. Die Ursache ist noch nicht eindeutig geklärt, hängt aber wohl mit der Zusammensetzung der verwendeten Legierung zusammen (zur Zinnpest siehe S. 158).

Bugholzmöbel
Bestehen aus über Wasserdampf gebogenem Buchenholz. Schon seit alters her im Schiffsbau gebräuchlich, wandte man diese Methode erst seit dem 19. Jahrhundert beim Möbelbau an. 1830 schuf Michael Thonet aus Boppard am Rhein die ersten Sitzmöbel aus Bugholz, 1841 erhielt er dafür ein Patent, 1849 errichtete er die erste Fabrik. 1859 kreierte er den erfolgreichsten Stuhl aller Zeiten: den vielkopierten Stuhl Nr. 14, der von 1859 bis 1930 in völlig unveränderter und noch heute in leicht modifizierter Form hergestellt wird.

Der Name Thonet steht für universale Gebrauchsmöbel, die sowohl in Wiener Kaffeehäusern als auch im afrikanischen Busch benutzt wurden und noch immer werden.

Châtelaine
Ursprünglich Schlüsselgürtel der Schloßfrau, ab dem 18. Jahrhundert Bezeichnung für Gürtelschmuck zum Anhängen von Schlüssel, Uhr, Nähzeug, Riechfläschchen etc.

Doublieren
Diese Technik findet häufig beim Restaurieren von Gemälden Anwendung, wenn eine brüchig gewordene Leinwand mit einer neuen hinterlegt wird.

Ebenist
Ursprünglich Bezeichnung für Möbelschreiner, die das kostbare exotische Ebenholz verarbeiteten, seit dem 17. Jahrhundert übliche Bezeichnung für aufwendigere Möbelstücke herstellende Kunsttischler, im Gegensatz zum Kistler oder Gestellmacher, der häufig nur Sitzmöbel schreinerte.

Das französische Gegenstück ist der einer Zunft angehörige Ébeniste, im Gegensatz zum Menuisier, der hauptsächlich kleine und einfache Möbel herstellte.

Eierstab
Zierform nach antikem Vorbild mit abwechselnd eiförmigen und pfeilspitzenartigen Formen.

Empire (1800 – 1815)
Streng klassizistische Epoche während des französischen Kaiserreichs unter Napoleon I. in den Jahren 1804 bis 1814 und ein Vorläufer des →Biedermeier.

Das Empire folgte auf den sogenannten →Zopfstil oder Stil →Louis-Seize. Sein Stil ist stark geprägt von der Begeisterung für die Antike in den Jahren um 1800 sowie von einer Ägyptomanie, ausgelöst durch den Ägyptenfeldzug Napoleons in den Jahren 1798 und 1799 (siehe Abb. Nr. 95, 96).

Etagère
Eine Art unverglastes Stehregal.

Fassung
Bemalung oder Vergoldung von Möbeln und hölzernen Skulpturen (siehe Abb. Nr. 113, 115, 116).

Fauteuil
Aus dem Französischen stammende Bezeichnung für Sessel.

Fifties
Designstil der 1950er Jahre mit typisch stromlinienförmigen (z. B. Nierentisch) und von der modernen Kunst beeinflußten Formen. Charakteristisch für die Fifties sind die »Wohlstandsnippes«.

Firnis
Eine Schutzschicht aus einer Lösung aus Mastix, Dammer und Terpentinöl, mit der Ölbilder nach ihrer Fertigstellung überzogen werden. Firnis kann im Laufe der Zeit verbräunen und wird daher bei Restaurierungen häufig abgenommen und erneuert (siehe auch S. 20).

Glaskrankheit
Auflösungsprozeß alter Gläser aufgrund eines Alkaliüberschusses in der Glasmasse.

Gründerzeit (1871–1914)
Benannt nach dem Wirtschaftsboom, der auf den Sieg über Frankreich und die Gründung des Deutschen Reiches 1871 folgte. Die Gründerzeit bediente sich vor allem historisierender Formen. Tendenz zum Schweren, Schwülstigen und Plüschigen. Auch »Omastil« mit Nippes und Deckchen (siehe Abb. Nr. 108).

Hartporzellan
Hartporzellan wurde 1708 von Johann Friedrich Böttger erfunden. Es wird wegen seines hohen Kaolingehalts bei Temperaturen von 1350° bis 1460° C gebrannt und ist härter als Stahl.

Historismus (1830–1900)
Wiederaufnahme historischer Stile, vor allem Gotik, Renaissance und Barock (siehe auch →Gründerzeit).

Intarsien
Einlagen andersfarbiger Hölzer, Metalle, Elfenbein oder Stein in das Grundholz (siehe Abb. Nr. 86). Nicht zu verwechseln mit →Marketerien (siehe Abb. Nr. 105).

Jugendstil (1890–1920)
Benannt nach der seit 1896 in München erschienenen Zeitschrift »Jugend«. Im Französischen als →Art nouveau, im Italienischen als Stile Liberty bezeichnet. Erneuerungsbewegung im Kunsthandwerk der Jahrhundertwende. Ideal des Gesamtkunstwerks. Charakteristisch sind drei Gestaltungsprinzipien: floral (Frankreich, siehe Abb. Nr. 65), dynamisch-abstrakt (Belgien, siehe Abb. Nr.111) und statisch-geometrisch (Österreich, siehe Abb. Nr. 66).

Bierkrug im volkstümlichen Jugendstil nach einem Entwurf von Richard Riemerschmid, um 1902.

Klosterarbeiten
Kunstgewerbliche, meist von Nonnen oder im Umkreis von Klöstern gefertigte Arbeiten, häufig Stickereien, Wachsarbeiten, Andachtsgraphik oder Fatschenkinder.

Konvolut
Mit diesem Begriff wird vor allem im Auktionshandel ein »Bündel« ähnlicher Objekte bezeichnet, die zusammen versteigert werden. Meist handelt es sich um einfachere oder kleinere Stücke, teilweise auch defekt, z.B. Zinn, Gläser und Flakons und vor allem Bücher und einzelne Graphikblätter.

Louis-Quinze (Louis XV)
Von den floralen und bewegten Formen des →Rokoko geprägter Stil während der Regierung des französischen Königs Ludwig XV. (1723 bis 1774).

Louis-Seize (Louis XVI)
Bereits stark klassizistisch geprägter, auf das →Louis-Quinze folgender Stil unter dem französischen König Ludwig XVI. (1774–1792). Das Louis-Seize bestimmte den Stil der letzten drei Jahrzehnte des 18. Jahrhunderts, ab etwa 1780 auch in der trockeneren Form des →Zopfstils.

Marketerie
Während Empire und Biedermeier im Gegensatz zur →Intarsie (siehe Abb. Nr. 86) nur selten – dafür aber häufig im Barock – angewandte Technik, bei der verschiedenartige Furnierhölzer zusammengefügt und anschließend auf einen Korpus furniert werden (siehe Abb. Nr. 105).

Ozier (auch: Osier)
Ein als Relief auf Porzellan geprägtes Flechtmuster.

Paperweight
Aus dem Englischen herrührende Bezeichnung für Briefbeschwerer, meist aus effektvoll gestaltetem Glas (siehe Abb. Nr. 56).

Pasticcio
Von der italienischen Bezeichnung für Mischmasch: Nachahmung, bei der verschiedene Vorbilder kombiniert und neu zusammengesetzt werden, häufig auch von Fälschern.

Patina
Veränderung der Oberfläche durch die Einwirkung von Licht und Luft.

Preßglas
Um 1827 in den USA entwickelter Ersatz für geschliffenes Glas, bei der zähflüssige Glasmasse in Metallformen gepreßt und teilweise später noch nachgeschliffen wird. Charakteristisches Erkennungsmerkmal von Preßglas sind die Preßnähte (siehe Abb. Nr. 11).

Rocaille
Von dem französischen Begriff für Grotten- oder Muschelwerk. Ab etwa 1730 verbreitetes muschelförmiges Schmuckmotiv, das dem →Rokoko seinen Namen gab (siehe Abb. Nr. 186).

Rokoko (1710 – 1770)
Spätform des →Barock, die von aufgelösten und asymmetrischen Formen geprägt ist. Die Stilbezeichnung geht auf die →Rocaille zurück.

Salonmalerei
Bezieht sich auf die seit dem 17. Jahrhundert jährlich im Paris stattfindende Kunstausstellung (Salon). Der Begriff wird häufig abwertend im Sinne einer gefälligen, akademischen Malerei verstanden.

Sammelbilder
Kleine, bunte Werbebildchen, die häufig als Serien erschienen. Sammelbilder gab es seit 1840, die berühmtesten stammen von der Firma Liebig (Fleischextrakt!).

Satztisch
→Beistelltisch.

Stilmöbel
Möbel, die einen vergangenen Stil imitieren oder sich an ihn anlehnen.

Mit Intarsien eingelegte Deckplatte der Röntgen-Kommode von Abb. Nr. 89.

Der Begriff im engeren Sinn wird für die Möbel vor allem der zweiten Hälfte des 19. Jahrhunderts gebraucht (siehe Abb. Nr. 106 bis 108).

Tremulierstrich
Auch als Ziselierstrich bezeichnete gravierte Zickzacklinie, die entstand, wenn bei Metallegierungen eine Materialprobe zur Überprüfung des Feingehalts entnommen wurde.

Viktorianischer Stil
Zusammenfassende Bezeichnung für die historisierenden Stiltendenzen während der Regierungszeit der englischen Königin Victoria (1837 bis 1901). Vergleichbar dem deutschen →Historismus und der →Gründerzeit.

Volute
Spiralförmige Einrollung, oft als Vermittlung zwischen der Vertikalen und Horizontalen.

Wiener Barock
Vor allem im Kunsthandel übliche, etwas mißverständliche Bezeichnung für relativ schwülstige Möbel im Barockstil, die nicht aus dem →Barock, sondern aus der zweiten Hälfte des 19. Jahrhunderts stammen.

Ziselierstrich
→Tremulierstrich.

Zopfstil
Eine Stilepoche mit frühklassizistischen Elementen, hauptsächlich im deutschsprachigen Raum, um 1765 bis 1790, später abfällig so benannt nach der damaligen männlichen Haartracht.

Zweites Biedermeier
Um 1900 erlebte die Möbelkunst des →Biedermeier ein Revival. Während dieser Zeit – aber auch während des →Art déco – wurden zahlreiche Biedermeiermöbel nachgebaut (siehe Abb. Nr. 104).

Einführung

Die wichtigsten Stil- und Epochenbegriffe im Überblick

Die folgende Übersicht soll einen schnellen Überblick über die Abfolge der europäischen Stile bieten. Dabei wurden vor allem die Stilbezeichnungen berücksichtigt, die im Kunst- und Antiquitätenhandel eine besondere Rolle spielen und häufig vorkommen.

Bitte beachten Sie, daß die Jahresangaben nur zur ungefähren Orientierung dienen. Kein Stil beginnt und endet schlagartig. Es gibt immer Überschneidungen, parallele Entwicklungen und zeitliche Verschiebungen in den einzelnen Ländern.

	17. Jh.	18. Jh.	19. Jh.	20. Jh.
Romanik 1030–1200				
Gotik 1140–1450				
Renaissance 1400–1550				
Manierismus 1550–1650				
Barock	1600–1760			
Louis Quatorze	1643–1715			
Queen Anne		1702–1714		
Rokoko		1710–1770		
Early Georgian		1714–1745		
Régence		1715–1723		
Louis Quinze		1723–1774		
Chippendale		1745–1779		
Klassizismus		1770–1820		
Louis Seize		1774–1792		
Empire			1800–1815	
Biedermeier			1810–1848	
Regency			1810–1830	
Late Georgian			1820–1837	
Historismus			1830–1900	
Louis Philippe			1830–1848	
Victorian			1837–1901	
Gründerzeit			1871–1914	
Jugendstil			1890–1920	
Expressionismus				1900–1925
Werkbund				1907–1934
Bauhaus				1919–1933
Art déco				1920–1940
Surrealismus				1920–1940
Nachkriegszeit				ab 1945
Pop-art				1960–1970
Postmoderne				ab 1980

Das müssen Sammler wissen

Pflege, Restaurierung und Aufbewahrung

Angesichts der höchst unterschiedlichen Themen, Gattungen und Materialien, die in diesem Buch vorgestellt werden, können hier nur allgemeine Hinweise zum Umgang mit Kunst, Antiquitäten und Sammelobjekten gegeben werden. In den Einführungstexten zu den einzelnen Kapiteln finden Sie jedoch konkretere Hinweise.

Pflege

Jede Antiquität bewahrt ihren Wert umso länger, je sorgsamer und pfleglicher mit ihr umgegangen wird. Bei Möbeln gilt es etwa, Wasserränder auf einer Kommodenplatte zu vermeiden, bei antiken Teppichen, nicht mit dem Bürostuhl darauf herumzurollen und bei altem Porzellan, es nicht in die Spülmaschine zu stecken. Auch Staub, der sich auf den Objekten ablagert, kann in Verbindung mit den verschiedenen Bestandteilen der Luft unerwünschte Reaktionen hervorrufen (z. B. beim Zinn, siehe S. 158).

Ebenso schädlich ist für die meisten Gegenstände direkte Sonnenbestrahlung: Holz und Teppiche bleichen aus, Papier vergilbt und wird brüchig.

Ein wichtiger Faktor ist die richtige Luftfeuchtigkeit: Leiden im Keller oder Speicher weggepackte Antiquitäten häufig unter Schimmel oder Stockflecken wegen zu großer Feuchtigkeit, herrscht in den meisten Wohnräumen dagegen eine zu niedrige Luftfeuchtigkeit.

Gerade bei alten Möbeln ist die richtige Luftfeuchtigkeit wichtigste Voraussetzung für ihre Erhaltung. Sie sollte nicht unter 50 Prozent liegen. Bei zentralgeheizten Räumen sinkt allerdings diese relative Luftfeuchtigkeit häufig bis auf 25 Prozent ab. Die Folge sind Schwundrisse, abgeplatzte Furniere oder gar geworfene Flächen. Wer seinen Möbeln – und seiner Gesundheit! – etwas Gutes tun und im Winter nicht auf das Heizen verzichten will, sollte sich daher einen Luftbefeuchter zulegen.

> Generell: Beseitigen Sie alle Schäden, die den weiteren Verschleiß fördern und infolgedessen dazu führen können, daß die Antiquität irreparablen Schaden nimmt.
>
> Aber: Ein originales Objekt – selbst mit geringen Erhaltungsmängeln – ist grundsätzlich wertvoller als ein noch so professionell reparierter oder aufwendig restaurierter Gegenstand!

Übrigens: Fußbodenheizungen sind leider Todfeinde antiker Möbel! Das Möbel wird von unten her aufgewärmt und ausgetrocknet. Es entstehen Risse und Furnierschäden.

Restaurierung

Bei der Frage, ob und in welchem Maße Antiquitäten restauriert werden sollen, gehen die Meinungen teilweise sehr weit auseinander: Die einen befürworten eine Radikalinstandsetzung, bei der sozusagen »kein Stein auf dem anderen« bleibt, die anderen erlauben kaum das Putzen von altem Silber, denn damit könnte ja die historische Patina des Objekts verloren gehen.

Eine Radikalinstandsetzung wird häufig bei Möbeln durchgeführt. Hierbei werden alle Oberflächen abgeschliffen, neu lackiert oder gleich ersetzt. Sie erhalten so ein Möbelstück, das nicht nur wie neu aussieht, sondern auch de facto zum größten Teil neu ist.

Da jedoch das Bewußtsein für möglichst originale Antiquitäten steigt, wirken sich solche Radikalkuren zunehmend wertmindernd aus. Außerdem mögen viele Restaurierun-

Was hier gefunden wird, muß häufig erst noch restauriert werden.

gen im Moment als ganz geglückt erscheinen. Auf die Dauer können sie sich jedoch verändern und wirken dann nach Jahren plötzlich wie ein störender Fremdkörper.

Andererseits: Wollen Sie beispielsweise alte Möbel oder Lampen benutzen, werden Sie häufig nicht darum herum kommen, einiges instandzusetzen. Bei Lampen sollte die Elektrik überprüft und unter Umständen die Fassung, das Kabel oder der Stecker ersetzt werden – schon um heutigen Sicherheitsstandards zu genügen.

Bei Möbeln müssen häufig morsche Füße oder bei Schubladen die abgenutzten Laufleisten ergänzt werden. Textile Bezüge und Polsterungen besitzen überhaupt nur eine begrenzte Haltbarkeit und müssen entsprechend ihrer Beanspruchung alle paar Jahre oder Jahrzehnte erneuert werden.

Anders liegt der Fall bei Restaurierungen, die wegen der Ästhetik oder der Hygiene vorgenommen werden. Hier geht es oft darum, die Patina – die natürliche Veränderung der Oberfläche durch Licht und Luft – zu beseitigen. Vielen Leuten erscheinen alte Gegenstände – vor allem Möbel – schlicht und ergreifend als zu schmuddelig, um sie mit der originalen Oberfläche in die eigenen vier Wände zu übernehmen.

Wenn es darum geht, wertvolle Stücke – seien es Antiquitäten oder Kunstwerke – zu restaurieren, sollten Sie unter allen Um-

Hier ein Vorschlag für eine Katalogisierung:

Objekt/Titel _____

Herstellungsort/Manufaktur _____

Datierung _____

Künstler/Entwerfer _____

Marke/Signatur _____

Maße _____

Material _____

Beschädigungen/Besonderheiten _____

Kaufdaten _____

Kaufort _____

Kaufpreis _____

Etwaige Vorbesitzer _____

Historische Bedeutung _____

Hinweis auf entsprechende Stücke in Museen _____

Literaturhinweise _____

Szene auf dem Flohmarkt: Dies ist sicherlich nicht die korrekte Art der Aufbewahrung von Antiquitäten.

ständen einen Fachmann zu Rate ziehen. Es gibt zwar zahlreiche Bücher, die versuchen, dem Laien die Techniken für die Reparatur oder Restaurierung von Antiquitäten zu vermitteln. Doch ist das dazu nötige Wissen und Können so komplex, daß wir Ihnen dringend davon abraten möchten, kostbare Antiquitäten oder Gemälde im Do-it-yourself-Verfahren zu »verschlimmbessern«.

Bei einfachen Stücken, Flohmarktfunden usw., die eher einen ideellen als einen materiellen Wert besitzen, mag es vielleicht noch angehen, seine Künste daran zu versuchen. Aber bei wertvolleren Antiquitäten oder Kunstwerken besteht die Gefahr irreversibler Schäden.

Aufbewahrung

Die verschieden Antiquitätengattungen erfordern natürlich differenzierten Umgang. Wichtig ist in den meisten Fällen der Schutz vor:
- Schmutz
- Staub
- Sonne (überhaupt zu viel Licht)
- allzugroßer Wärme
- Trockenheit
- zu großer Feuchtigkeit, Nässe
- Zerkratzen
- Herabstürzen
- Diebstahl

Kleine Objekte sind daher am besten in einer Vitrine aufgehoben, die es in großer Auswahl gibt. Ist die Vitrine beleuchtet, achten Sie bitte darauf, daß die Lampen nicht zu heiß sind, denn manche Objekte – beispielsweise altes Blechspielzeug oder bemalte Gläser – nehmen dadurch Schaden.

Graphiken und alle Objekte aus Papier werden am besten lichtgeschützt in Mappen oder Alben (auf weichmacherfreie Folien achten!) aufbewahrt. Wollen Sie sie an die Wand hängen, dann am besten nur jeweils eine gewisse Zeit lang und in einem Wechselrahmen.

Schmuck sollte nicht als dekorativer Haufen aufbewahrt werden, sondern so, daß die Stücke sich nicht gegenseitig verkratzen können.

Sehr alte und kostbare Teppiche sollten entweder an die Wand gehängt werden oder an einer Stelle liegen, wo sie nicht unnötig strapaziert werden. Neuere Teppiche können grundsätzlich benützt, sollten aber keiner übertriebenen Beanspruchung – etwa unter einem Arbeits- oder Eßtisch – ausgesetzt werden. Regelmäßiges Drehen verhindert einseitige Abnutzung.

Die katalogisierte Sammlung

Wer eine größere Sammlung zusammenträgt, sollte seine Stücke katalogisieren. Auch im Falles eines Diebstahls ist es nützlich, alle nötigen Daten bei der Hand zu haben.

Legen Sie sich eine Kartei an: entweder traditionell auf Karteikarten, einem Blatt Papier im Ordner oder zeitgemäß mit Hilfe eines Computers.

Die Daten, die Sie aufnehmen sollten, gliedern sich in drei Gruppen: erstens Daten, die den Erwerb betreffen, zweitens eine Beschreibung des Objekts und drittens historische Daten und Bemerkungen zur Bedeutung des Stücks. Auch Fotografien Ihrer Objekte können sich unter Umständen als nützlich erweisen.

Um eine solche Karteikarte richtig ausfüllen zu können, müssen Sie sich sehr genau mit Ihrem Sammelobjekt befassen. Sie werden erstaunt sein, was Sie dabei alles entdecken und wieviel Wissenswertes Sie erfahren.

Die Kosten einer Restaurierung

Die folgenden Beispiele, die natürlich nicht beliebig auf jeden Restaurierungsfall übertragen werden können – dazu sind die Gattungen zu vielfältig und ist die Materie zu vielschichtig – sollen veranschaulichen, welche Kosten bei einer Restaurierung entstehen können. Gleichzeitig wird damit klargemacht, warum die Preise für vom Typ her vergleichbare Stücke so stark differieren können:

Es ist einfach ein Unterschied, ob Sie auf dem Trödel ein mehr oder weniger kaputtes Möbelstück oder eine Uhr mit defektem Uhrwerk oder im seriösen Fachhandel ein aufwendig restauriertes (bzw. natürlich von vornherein intaktes) Objekt erwerben.

1. Beispiel: Sofa

Besonders Sitzmöbel und vor allem Sofas verursachen relativ hohe Restaurierungskosten. Sie bestehen nur

> *Bedenken Sie:*
> 1. Eine original konservierte Oberfläche und ein originaler Erhaltungszustand wirken meistens wertsteigernd.
> 2. Ist die Oberfläche oder sind Teile einer Antiquität verändert, ist die Authentizität zerstört.
> 3. Handelt es sich um ein wertvolles oder seltenes Stück, kann durch eine unsachgemäße Restaurierung Kulturgut unwiederbringlich vernichtet werden und der Wert auf einen Bruchteil sinken.

zu einem geringen Teil aus einer Holzkonstruktion, zum größten Teil dagegen aus Textilien und anderen Polstermaterialien, die besonders stark dem natürlichen Verschleiß ausgesetzt sind.

Wir gehen in unserem Beispiel davon aus, daß ein Händler (oder natürlich Sie selbst) auf einer Auktion ein Sofa mit unbrauchbarer Polsterung und kaputtem Bezug erwirbt. Im Grunde wird nur das Rahmengestell gekauft.

Dieses Rahmengestell muß zuerst restauriert, danach das Sofa neu gepolstert werden. Einfach einen neuen Bezug über die alte, vergammelte Polsterung zu spannen, ist Pfusch und entwertet die gesamte Restaurierung.

Dabei sind der gekonnte Aufbau und die Form der Polsterung entscheidend für das Aussehen des Möbels. Zum Schluß muß das Sofa mit einem adäquaten, d. h. historisch möglichst authentischen Bezug versehen werden.

Bei einer solchen Restaurierung kann sich folgende Rechnung ergeben:

Kosten für das Gestell auf der Auktion	4.000 DM
Rahmengestell restaurieren	3.000 DM
Neue Polsterung (Roßhaar – Schaumstoff wäre billiger, aber Pfusch)	3.000 DM
Neuer Bezug (durchschnittliche Stoffqualität – Seide im Rokokostil wäre eher teurer)	1.000 DM
Summe	**11.000 DM**

Ein Händler wird auf diese Summe natürlich noch seine Handelsspanne sowie die Mehrwertsteuer schlagen.

Aus dieser Auflistung wird aber auch deutlich, daß sich eine Restaurierung bei sehr einfachen Möbeln –

etwa der Gründerzeit – häufig nicht lohnt, da die Restaurierungskosten zu einem großen Teil unabhängig vom eigentlichen Wert des Objektes sind und deshalb bei einfachen Stücken unproportional stark zu Buche schlagen.

2. Beispiel: Gemälde

Gemälde verschmutzen im Laufe der Jahrzehnte und Jahrhunderte. Häufig verbräunt der Firnis, vor allem unter Lichteinfluß. Hier mit vermeintlich »guten alten Hausmitteln« wie Zwiebelsaft die Bildoberfläche zu reinigen oder gar mit Sagrotan den Firnis zu entfernen, führt meistens – wenn nicht sofort, dann im Laufe der Zeit – zu einer starken Schädigung, wenn nicht gar völligen Zerstörung des Gemäldes.

In vielen Fällen genügt eine oberflächliche Reinigung, die aber nichtsdestotrotz fachmännisch und mit aller nötigen Vorsicht durchgeführt werden sollte. Dazu wird ein kompetenter Restaurator zuerst an einer möglichst unsichtbaren Stelle verschiedene Reinigungsmittel auf ihre Wirkung und Ungefährlichkeit für die Malschicht testen.

Eine solche Reinigung kostet bei einem etwa 50 x 40 cm großen Bild ungefähr 300 bis 400 Mark.

In manchen Fällen wird man nicht darum herum kommen, den Firnis abzunehmen. Da dies eine heikle Angelegenheit ist, die sehr leicht die Malschicht in Mitleidenschaft ziehen kann, muß der Restaurator extrem sorgfältig vorgehen und sich quadratzentimeterweise vorarbeiten.

Je nach Art des Firnis kann diese Arbeit – ohne Retuschen – bei einer Bildgröße von ebenfalls etwa 50 x 40 cm ungefähr zwischen 500 und 2.000 Mark kosten.

Wichtigste Devise für einen Restaurator sollte sein, daß er mit seinen

Detail des Roentgen-Schreibtisches von Abb. Nr. 90.

Arbeiten keine irreversiblen Schäden verursacht!

3. Beispiel: Uhr

Die Reinigung und Reparatur eines einfachen Gehwerks wird etwa zwischen 300 und 600 Mark kosten. Dabei wird das Uhrwerk zerlegt, das verharzte Öl entfernt und die Lager neu geölt.

Handelt es sich um eine Uhr mit Komplikationen und Indikationen wie Schlagwerk, Wecker, Datumsangabe etc. wird eine Reparatur entsprechend teurer. Ebenso, wenn kaputte Teile ersetzt – d. h. in vielen Fällen eigens hergestellt – werden müssen.

Original, Fälschung und Verfälschung

Fälschungen spielen in der Phantasie der meisten Laien eine große Rolle und verunsichern viele potentielle Käufer von Antiquitäten. Zwar wird grundsätzlich alles gefälscht, was begehrt und teuer ist, egal, ob es sich um Rolex-Uhren, Taschen von Louis-Vuitton oder Ersatzteile für Flugzeuge handelt, doch spielen wirkliche Fälschungen bei Antiquitäten eine relativ geringe Rolle. Wesentlich häufiger sind dagegen falsch deklarierte oder verfälschte Objekte.

Nicht in allen Bereichen ist die Gefahr, einer Fälschung aufzusitzen, gleich groß. In den Fällen, in denen der zu erzielende Preis einer Fälschung unterhalb dem von entsprechender neuer Ware liegt, ist sie naturgemäß am geringsten, denn eine Fälschung wird hergestellt, um daran zu verdienen. Und vieles ist nur sehr schwer und mit großem Aufwand wirklich überzeugend zu fälschen.

Oft hilft es schon, das Objekt mit kühler Gelassenheit und gesundem Menschenverstand zu prüfen. Achten Sie auf alle Indikatoren wie Material, Oberflächenbeschaffenheit, Gebrauchsspuren, Patina und Verarbeitung – auch auf der Rückseite. Kommt Ihnen hierbei etwas nicht ganz stimmig vor, sollten Sie weitere Nachforschungen anstellen.

Gefälscht werden vorwiegend Objekte, die gerade in Mode und daher besonders gesucht sind. Ist Jugendstilschmuck der große Renner, dann sollte es doch nachdenklich machen, wenn auf einmal große Mengen des gleichen Typs auftauchen. Oder wenn plötzlich auffällig viele Sekretäre im Bauernmöbelstil angeboten werden: War wirklich jeder alpenländische Bauer ein Buchhalter oder Dichter? Bekannt ist der Hunger der Käufer nach Kirschbaum-Biedermeiervitrinen oder Nähtischchen, den der überkommene Möbelbestand nicht stillen kann. Also versuchen findige Produzenten und Händler dieser »Mangelsituation« abzuhelfen.

Also aufgepaßt: Gerade das Allzutypische muß nicht unbedingt authentisch sein. Und was besonders begehrt ist und im Trend liegt, ist besonders anfällig für Fälschungen.

Verfälschungen

In der Praxis wesentlich häufiger als Fälschungen sind Verfälschungen und unvertretbar starke Restaurierungen.

Dazu kommen noch Fehldatierungen: Meist wird ein Objekt in eine frühere Zeit datiert, um den Preis hochzutreiben. Beispielsweise wurde viel Meißener Porzellan im 19. Jahrhundert nach den Formen des 18. Jahrhunderts produziert. Da der Preis für eine Figur des 18. Jahrhunderts meist mindestens zehnmal höher liegt als für eine Ausformung des 19. Jahrhunderts, werden hier häufig – bewußt oder unbewußt – falsche Angaben gemacht.

Bei Objektverfälschungen werden wahre »Ruinen« zu vermeintlichen Prunkstücken herrestauriert. Fast nichts mehr ist original. Oder man »verschönert« eine Antiquität, indem man beispielsweise eine schlichte Zinnkanne mit einer Gravur oder Biedermeiermöbel mit den derzeit so beliebten geschwärzten Partien versieht.

Aufgepaßt: Schaukel- und Karusellpferde werden systematisch in Südostasien gefälscht.

Signaturen und Marken

Eine besondere Rolle bei den Objektverfälschungen spielt die Fälschung und Manipulation von Signaturen und Marken. Dies beruht zum einen darauf, daß zahlreiche Antiquitäten nur nach ihrer Marke gekauft werden, ohne überhaupt zu prüfen, ob Marke, Entstehungszeit und Art des Objekts überhaupt zusammenpassen können. Zum anderen ist die richtige Deutung von Marken ein wesentlich komplexeres Problem, als sich der Laie das vorstellt.

Und bedenken Sie: Eine falsch angebrachte oder manipulierte Marke oder Signatur ist als Beschädigung anzusehen und kann daher sogar wertmindernd wirken.

Ein Bereich, in dem Betrug und Manipulation an der Tagesordnung sind, ist die moderne Druckgraphik sowie die moderne Bronzeplastik. Hier wird nicht nur regelrecht gefälscht – berühmtberüchtigt vor allem die Fälschungen von Dalí, Miró und Chagall –, sondern die Käufer werden auch mit pompösen, aber irreführenden Bezeichnungen an der Nase herumgeführt.

Es kann hier nicht ausführlicher auf diese Problematik eingegangen werden, nur dieser Rat: Entweder Sie arbeiten sich in die Materie (Künstleroeuvre, Drucktechniken) ein oder kaufen Ihre Graphiken im seriösen Handel.

Im Bewußtsein dieser heiklen Bereiche hat der Bundesverband des Deutschen Kunst- und Antiquitätenhandels e. V. für seine Mitglieder den Begriff der »Sammelwürdigkeit« festgelegt:

1. Sammelwürdig sind hiernach nur Kunstwerke, deren numerierte Gesamtauflage bei
   a) Graphik 300 (einschließlich Probedrucken),
   b) Plastik 25 (einschließlich Gießer-Exemplare),
   c) Keramik 100 Exemplare nicht übersteigt.
2. Posthume Auflagen sind, auch wenn sie vorstehende Auflagenhöhe nicht übersteigen, nur dann sammelwürdig, wenn sie
   a) als solche gekennzeichnet und datiert sind sowie
   b) nachweisbar in Ausführung, Größe und Auflagenhöhe dem Willen des Künstlers entsprechen.
3. Nicht sammelwürdig sind, unabhängig von der Höhe der Auflage, Arbeiten aus zweiter Hand und Reproduktionen selbst dann, wenn sie vom Künstler autorisiert und/oder von diesem signiert sind.

Dies gilt insbesondere dann, wenn die Arbeiten in anderen Medien ausgeführt sind als in der Original-Vorlage (z.B. Bronze-Nachguß nach einem Original aus Holz, Lithographie nach einem Gemälde etc.).

Expertisen

Speziell im Bereich der Gemälde und Graphiken wird beim Verkauf häufig mit Expertisen geworben. Dabei sollte sich jedoch jeder Käufer vor Augen halten, daß die Kunstgeschichte keine exakte Wissenschaft ist, sondern sich auch auf Sensibilität und Seherfahrung stützt. Selbst anerkannte Kunsthistoriker können sich bisweilen bei einer Zuschreibung oder einer Datierung eklatant irren.

Expertisen sind seit etwa hundert Jahren üblich. Als vor allem die Amerikaner in großem Maßstab begannen, in Europa Kunstschätze zu kaufen, suchten – und bezahlten – sie dabei den Rat und Sachverstand von Kunsthistorikern und Museumsleuten. Dabei benötigen allerdings nur bestimmte Kunstwerke eine Expertise: völlig anonyme und nicht durch

Gemischtes Angebot auf dem Trödelmarkt.

andere Dokumente zweifelsfrei zugeschriebene Werke sowie solche mit eventuell gefälschter Signatur.

Pseudowissenschaft und Geschäftemacherei gehen im »Geschäftsbereich Expertisen« häufig eine lukrative Verbindung ein und finden ein breites Betätigungsfeld. Zahlreiche Expertisen sind rein fiktiv und von selbsternannten »Experten« verfaßt, die ihr Unwissen hinter blumigen Platitüden und nichtssagenden verbalen Versatzstücken zu verbergen suchen. Selbst anerkannte Koryphäen haben sich als anfechtbar erwiesen. Zudem sind die Ersteller der Expertisen üblicherweise am Erlös des begutachteten Objektes prozentual beteiligt und haben deshalb ein Interesse, es möglichst hoch zu schätzen. Zu guter Letzt gibt es auch noch Gefälligkeitsexpertisen.

Relativ zuverlässig sind die öffentlich bestellten und vereidigten Sach-

---

Aufgepaßt bei unseriösen Praktiken:

Natürlich existieren bei jeder Gattung und jedem Sammelgebiet spezielle und mehr oder weniger raffinierte Tricks, auf die hier nicht gesondert eingegangen werden kann. Trotzdem gibt es ganz grundsätzliche Methoden, welche – zum Glück nur vereinzelt vorhandene – schwarze Schafe der Branche anwenden, um ihre Ware an den Mann oder die Frau zu bringen.

1. Mariagen: Bei der sogenannten Mariage (»Verheiratung«) werden nicht zusammengehörige Teile – etwa Tasse und Untertasse, Ober- und Unterteil eines Aufsatzschrankes, Kopf einer frühen Puppe auf einem späten Körper usw. – zusammengefügt. Diese Mariagen lassen sich z. B. aufgrund nicht zusammenpassender Ornamente, merkwürdiger Proportionen und leicht differierender Materialien feststellen. Darauf sollten Sie grundsätzlich als Erstes achten!
2. Verschönerungen, etwa zusätzliche Bemalung oder Vergoldung: Um Objekte kostbarer wirken zu lassen, werden beispielsweise unkolorierte Drucke koloriert, einfache Fayencen mit aufwendigerer Bemalung versehen oder schlichte Möbel durch zusätzlich angebrachte goldfarbene Ornamente »aufgewertet«.
3. Umbau eines weniger begehrten Stücks in ein begehrteres: Z. B. werden bei Biedermeiermöbeln häufig Kleiderschränke in Vitrinen verwandelt oder runde Tische durch Auseinandersägen in halbrunde Konsoltische.
4. Irreführende Bezeichnungen: Manchmal wird versucht, den unerfahrenen Käufer mit Beschreibungen wie »echt Eiche« oder »original Bronze« (was über die Originalität und Echtheit der Antiquität nichts aussagt), »limitierte Auflage« (ohne die Höhe der Limitierung anzugeben, denn jede Auflage ist irgendwo limitiert), »vom Künstler in der Druckplatte signiert« (gerade so, als wäre das ein Qualitätskriterium, dabei sind einzeln vom Künstler signierte Graphikblätter üblich und wertvoll) oder »wertvolles Sammlerstück« (was immer das auch heißen mag …) zu ködern.
5. Qualitätsmindernde Restaurierungen und Schäden werden verschwiegen (siehe dazu auch den Hinweis im Kasten auf S. 27).

verständigen. Bei ihnen kann man davon ausgehen, daß sie nach bestem Wissen und Gewissen urteilen (siehe dazu S. 166).

Grundsätzlich macht sich ein Gutachter schadensersatzpflichtig, wenn er nachweislich oder fahrlässig eine falsche Expertise abgibt. Aber wer kann ihm die böswillige Absicht nachweisen? Fahrlässigkeit liegt allerdings dann vor, wenn der Gutachter das Original nicht kennt, nur nach Fotos urteilt und die eventuell vorhandene Fachliteratur nicht oder nur ungenügend heranzieht.

Fazit: Hüten Sie sich davor, Expertisen überzubewerten und werden Sie mißtrauisch, wenn gar zu viele Expertisen »in's Spiel gebracht« werden!

Wertvolles sichern und versichern

Ob ihre Sammlung einer besonderen Sicherung bedarf, hängt erstens von deren Wert und zweitens von Ihrem Sicherheitsbedürfnis ab. Tatsache ist jedoch, daß die Zahl der Wohnungseinbrüche ständig zunimmt und die Diebe neben Fernsehern, Stereoanlagen, Schmuck und Bargeld zunehmend kulturbeflissen werden und auch gern antike Teppiche, Silber, Münzen und andere Antiquitäten mitgehen lassen.

Neben der Rechnung für Ihre Stücke sind eine Karteikartensammlung, wie auf S. 19 beschrieben, sowie Fotos Ihrer Objekte das sicherste Hilfsmittel, um sowohl Ihre Eigentumsverhältnisse der Polizei gegenüber zu beweisen und diese bei dem Wiederauffinden der Objekte zu unterstützen, als auch Ihre Ansprüche der Versicherung gegenüber anzumelden.

Kleine, flache Gegenstände, z.B. Schmuck, lassen sich übrigens sehr gut auf einem Farbkopierer kopieren.

Versichern

Zuerst sollten Sie prüfen, ob Ihre Kunstwerke und Antiquitäten bei Ihrer allgemeinen Hausratversicherung mitversichert sind. Generell gehören Kunstgegenstände dann zum Hausrat, wenn sie als Einrichtungs- und Dekorationsobjekte dienen und nicht als selbständige Sammlung oder gar Kapitalanlage fungieren. Die Bewertungsgrenzen sind dabei jedoch fließend. Am besten, Sie erkundigen sich bei Ihrer Versicherung, welche Bedingungen für Sie gelten.

Im Schadensfall wird üblicherweise der Versicherungswert zu dem Zeitpunkt, als der Versicherungsfall eintrat, ersetzt. Bei Antiquitäten (diese müssen – entsprechend auch der zollrechtlichen Definition – mindestens hundert Jahre alt sein) entspricht der Versicherungswert dem Wiederbeschaffungswert.

»Bei Kunst und Antiquitäten spielt die Unterscheidung in Neu- und Zeitwert keine praktische Rolle, da bei ihnen das Alter in der Regel zur Werterhöhung führt. Bei ihnen ist daher auf den Wiederbeschaffungspreis abzustellen.« (Günther Picker, von dem grundlegende, auch für juristische Laien gedachte Bücher über den Themenkreis Kunst, Antiquitäten und Recht erschienen sind, in denen Sie sich näher informieren können. Siehe Literaturverzeichnis).

Sollten Sie im Besitz sehr wertvoller Möbel oder Kunstgegenstände sein, bietet sich der Abschluß einer Spezialversicherung für Kunstgegenstände an.

Jugendstil-Vase mit Obstblüten. Burgun, Schverer & Co., Meisenthal, H. ca. 29 cm.

Markttrends und Tips

Marktlage und Preise

Angesichts der Vielfalt der hier vorgestellten Bereiche können natürlich nur bedingt allgemeine Aussagen zur Marktlage gemacht werden. Konkretere Tips finden Sie zum Teil in den Einleitungstexten zu den einzelnen Kapiteln.

Nachdem in der zweiten Hälfte der 80er Jahre ein Kunst- und Antiquitätenboom ohnegleichen geherrscht hatte, zeigten die Umsatzkurven im Kunsthandel zu Beginn der 90er Jahre deutlich nach unten. Inzwischen haben sich die Preise wieder erholt, wenn auch in moderaterem Rahmen.

Spitzenreiter, was die Gunst der Kunstkäufer betrifft, sind nach wie vor die Künstler der klassischen Moderne, allen voran Picasso, gefolgt von van Gogh, Matisse, Monet, Renoir, Modigliani, Miró und Chagall.

Art déco-Sessel und Tischchen von Louis Süe (1875 – 1968) & André Mare (1885 – 1932). Frankreich, um 1920/21.

Teuerster zeitgenössischer Künstler ist Roy Lichtenstein, von dem 1995 ein Werk auf einer Auktion umgerechnet etwa 3,7 Millionen Mark erbrachte. Höchstdotierter deutscher Künstler war im selben Jahr Emil Nolde mit knapp 2 Millionen Mark für ein Gemälde. Für Sie als Käufer mit vielleicht beschränkten finanziellen Mitteln bedeutet die momentane Situation, daß Sie – vor allem im Bereich der sogenannten Mittellage – vergleichsweise günstig einkaufen können. Das Angebot ist breit, das Preis-Leistungs-Verhältnis positiv, und die Händler freuen sich, wenn sie etwas verkaufen.

Auch macht sich zur Zeit ein gewisser Generationenwechsel bemerkbar. Während jüngere Käufer weniger Engagement für alte Kunst, alte Graphik sowie traditionelle Vitrinen- und Kunstkammerobjekte aufbringen, interessieren sie sich dafür mehr für neuere Gebiete der freien und angewandten Kunst des 20. Jahrhunderts wie Design, technische Antiquitäten, den Bereich der Reklame – angefangen von Emailschildern bis zu Werbefiguren – und altes Spielzeug von der Märklin-Lok bis zur Käthe Kruse- oder Barbie-Puppe. Hier haben die Preise seit Jahren kräftig angezogen und steigen weiterhin.

Preis-Leistungs-Verhältnis: aktuelle Tips

1. Unterbewertet – da zur Zeit etwas aus der Mode, was sich jedoch erfahrungsgemäß schnell wieder ändern kann – sind derzeit u.a.: Teppiche, Zinn und Silber, Barockmöbel sowie gotische Schnitzfiguren und anonyme Altmeister. Aber auch hier gilt, daß Top-Qualität und ganz außergewöhnliche Stücke immer entsprechende Preise erzielen.
2. Der »run« auf Signiertes – seien es Gemälde oder Lalique-Gläser – scheint sich noch zu verstärken. Das bedeutet aber auch, daß sehr gute unsignierte Stücke häufig relativ preiswert angeboten werden. Wem Qualität wichtiger als eine Signatur ist, der soll hier zugreifen (siehe dazu aber auch die Tips zur Kapitalanlage im Kasten auf S. 26)!
3. Wenn Sie günstig einkaufen wollen, sollten Sie gegen die gängigen Trends kaufen. Entdecken Sie Ihre ganz persönliche Nische!

Kapitalanlage

Grundsätzlich eignen sich Kunst und Antiquitäten durchaus als Kapitalanlage, weniger allerdings als Spekulationsobjekte. Verspüren Sie Ambitionen in dieser Richtung, sollten Sie lieber an die Börse gehen.

Außerdem müssen Sie eines bedenken: Es ist meistens – Ausnahmen bestätigen die Regel – sehr viel leichter, Kunst und Antiquitäten zu kaufen, als sie wieder zu verkaufen. Sollten Sie aufgrund widriger Umstände dringend und schnell Geld benötigen, können Sie in den meisten Fällen konventionelle Kapitalanlagen leichter zu Geld machen als Ihre Antiquitäten.

Generell funktioniert der Kunst- und Antiquitätenmarkt mit Geld, das die Leute übrig haben. Überschüssige Geld gibt es üblicherweise in Zeiten der Hochkonjunktur. Gleichzeitig führt die verstärkte Nachfrage zu steigenden Preisen. Wer in dieser Zeit teuer einkauft, in der Hoffnung, später noch teurer zu verkaufen, wird oft enttäuscht. Vor allem werden Sie Probleme bekommen, wenn Sie in Zeiten der Rezession Ihre Antiquitäten zu Geld machen wollen. Sie werden dann nur relativ geringe Preise erzielen.

Dies mußten auch die japanischen Händler erfahren, die in den 80er Jahren den Kunstmarkt in Unruhe versetzten und heute verzweifelt (Harakiri eingeschlossen) auf ihrer überteuert eingekauften Ware sitzen.

Doch vergessen Sie eines nicht: Die garantiert beste und sicherste Verzinsung Ihres investierten Kapitals stellt die Freude an Ihren Sammelobjekten dar. Sich mit Kunst und Antiquitäten zu umgeben, bedeutet Lebensqualität. (Tips zur Kapitalanlage siehe Kasten auf S. 26)

Chinesisches Deckelgefäß, Blauweißporzellan mit Lotusdekor, Ming-Dynastie, Wan-li-Zeit (1573–1619).

So funktioniert eine Versteigerung

Vor jeder Versteigerung muß eine **Vorbesichtigung** stattfinden. Dies ist gesetzlich vorgeschrieben. Während dieser Vorbesichtigung können Sie die Objekte gründlich prüfen, und die Mitarbeiter und Experten des Auktionshauses stehen Ihnen für Auskünfte zur Verfügung. Während der Auktion werden die Objekte zwar häufig nochmals hochgehalten, oft aber auch nur die fotografierten Gegenstände über Bildmonitore gezeigt oder einfach nur die Auktionsnummer im Katalog aufgerufen.

Die Auktionstermine sowie die Dauer der Vorbesichtigung entnehmen Sie am besten der Tagespresse oder dem Veranstaltungskalender der Zeitschrift »Weltkunst« oder der »Antiquitäten-Zeitung«. Sie können aber auch einzelne Auktionshäuser bitten, Sie rechtzeitig über die anstehenden Termine zu informieren.

Interessiert Sie ein Objekt während der Vorbesichtigung, lesen Sie dazu die Angaben im Auktionskatalog durch. Kataloge können Sie sich zuschicken lassen, im Auktionshaus kaufen – manchmal liegen auch Ansichtsexemplare aus –, oder Sie können gegen Pfandhinterlegung einen Leihkatalog erhalten.

Lesen Sie die Angaben im Katalog gründlich! »Barockstil« heißt z. B., daß das Objekt nicht zur Zeit des Barock, sondern im 19. Jahrhundert oder sogar in unserer Zeit im »Stil des Barock« entstanden ist.

Dann überlegen Sie, wieviel Sie für das Stück anlegen möchten.

Beachten Sie: Auf alle Auktionspreise – die sogenannten Zuschlags- oder Hammerpreise – wird sowohl die Provision des Auktionshauses, das sogenannte Aufgeld (meist zwischen 12 und 25 Prozent), sowie die Mehrwertsteuer (bei Kunst 7 Prozent, bei Antiquitäten und Sammelobjekten 15 Prozent) aufgeschlagen (bei einigen Auktionshäusern ist die Mehrwertsteuer bereits im Aufgeld inbegriffen). Ersteigern Sie also ein Objekt für 1.500 DM, müssen Sie im Endeffekt ca. 2.000 DM bezahlen.

Es gibt drei Möglichkeiten, bei einer Auktion mitzubieten:
1. persönlich
2. telefonisch
3. schriftlich

Beim **persönlichen Mitbieten** sitzen Sie im Auktionssaal. Üblicherweise haben Sie sich vorher beim Empfang eine sogenannte Bieternummer geben lassen. Das ist ein Zettel oder eine Karte mit einer auch auf Entfernung lesbaren, meist dreistelligen Zahl. Wird nun Ihr Wunschobjekt aufgerufen, halten Sie Ihre Bieternummer solange hoch, wie Sie mitbieten möchten. Der Auktionator beginnt meist beim sogenannten Limitpreis (das ist der Betrag, den der Einlieferer als Minimum dessen, was er erzielen möchte, festgelegt hat), außer es liegen bereits mindestens zwei höhere schriftliche Gebote vor. Danach wird üblicherweise in zehnprozentigen Schritten (1.000,–, 1.100,–,... 10.000,–, 11.000,– usw.) gesteigert. Wenn niemand mehr höher steigert, schlägt der Auktionator das Objekt dem Höchstbietenden »zum Ersten, zum Zweiten und zum Dritten« zu.

Das **telefonische Mitbieten** funktioniert im Grunde genauso wie das persönliche Bieten. Anstatt im Saal zu sitzen, ist der Bieter jedoch telefonisch mit einem Assistenten des Auktionators verbunden, der per Handzeichen für den Bieter steigert.

Gerade bei sehr teuren Objekten nimmt diese Form des Bietens stark zu. Erstens muß der Bieter nicht eine mitunter weite Anreise in Kauf nehmen und kann zweitens anonym bleiben.

Die meisten Auktionshäuser lassen sich allerdings wegen des relativ hohen Aufwandes nur bei teureren Objekten auf das telefonische Bieten

Vorbesichtigung bei einer Graphik-Auktion: Hier läßt sich das Angebot in Ruhe prüfen.

ein. Außerdem kann natürlich keine Garantie für das Zustandekommen der Verbindung gegeben werden.

Das **schriftliche Bieten** – die wohl häufigste Form der Teilnahme an einer Auktion – ist bei seriösen Auktionshäusern angeraten. Beim schriftlichen Bieten geben Sie dem Auktionshaus auf einem speziellen Bieterformular die maximale Höchstsumme an, zu der Sie das gewünschte Objekt ersteigern möchten. Das Auktionshaus bietet dann für Sie »interessewahrend« mit.

Beispiel: Sie haben sich eine silberne Teekanne ausgesucht und würden dafür bis zu 2.000 DM (plus Aufgeld und Mehrwertsteuer) bezahlen. Der Auktionator beginnt beim Limit von 1.000 DM zu steigern. Bei 1.400 DM steht das letzte Gebot im Saal. Daraufhin wird Ihnen die Teekanne für 1.500 oder 1.600 DM (entsprechend der Steigerungsschritte) zugeschlagen.

Beim **Zuschlag »unter Vorbehalt«** (»u. V.«) versteigert der Auktionator Objekte unterhalb des vom Einlieferer festgelegten Limits. Solche Gegenstände erhalten Sie erst dann, wenn der Einlieferer zustimmt und bis dahin niemand bereit ist, den Limitpreis zu bezahlen.

Objekte, die bei der Auktion keine Interessenten fanden, werden üblicherweise nach der Auktion im sogenannten Nachverkauf zum Limitpreis angeboten.

Selbstverständlich können Sie auf Auktionen auch etwas **versteigern lassen**. Während der Ersteigerer auf den Hammerpreis noch Aufgeld und Mehrwertsteuer bezahlen muß, wird dem Einlieferer eine Provision – meist 10 bis 25 Prozent – vom Hammerpreis abgezogen. Klären Sie vor Einlieferung mit dem Auktionshaus ab, ob weitere Gebühren für die Anfertigung von Fotos und deren Reproduktion im Auktionskatalog anfallen, damit Sie später keine unangenehme Überraschung erleben!

Wollen Sie Kunst und Antiquitäten unter dem Gesichtspunkt einer Geldanlage erwerben, sollten Sie zumindest folgende Regeln beachten:

1. Kaufen Sie einwandfreie Qualität. Je makelloser und seltener das Objekt ist, desto leichter können Sie es im Zweifelsfall verkaufen. Dagegen ist Dutzendware relativ schwer an den Mann oder die Frau zu bringen.
2. Signierte und gut dokumentierte Objekte lassen sich leichter verkaufen als unsignierte. Allerdings sind sie meist auch teurer.
3. Um wirkliche Qualität zu erwerben, sollten Sie sich entweder in die Materie einarbeiten und/oder sich von einem seriösen Händler beraten lassen.
4. Die wichtigste Kaufmannsweisheit lautet: Im Einkauf liegt der Gewinn!

Daher sollten Sie antizyklisch kaufen und versuchen, kommende Trends zu erkennen, denn nur so können Sie wirklich günstig einkaufen.

Wo und wie einkaufen?

Beim Einkauf stehen Ihnen im Prinzip vier Möglichkeiten offen:

1. Auktionen (siehe auch S. 25 f.)
2. Antiquitätenfachhandel
3. Antiquitätenmessen, Trödel, Flohmärkte
4. Von privat, Kleinanzeigen

Auktionen

Auktionen können eine gute und preisgünstige Einkaufsmöglichkeit darstellen. Allerdings sollten Sie sich in ihrem Sammelgebiet und im Auktionsgebaren auskennen. Für Anfänger sind Auktionen jedenfalls nicht ganz unproblematisch. Wollen Sie einfach einen hübschen Gegenstand für die Wohnung oder ein simples Möbel, das Sie auch benützen können, erwerben, hält sich das finanzielle Risiko in Grenzen. Beim Kauf teurer Objekte sollten Sie jedoch Vorsicht walten lassen.

Auktionshäuser haften nicht für die Angaben in ihrem Katalog. Ein seriöses Auktionshaus wird sich zwar um Korrektheit bemühen, aber angesichts der Fülle der zu versteigernden Objekte kann nicht jedem Einzelstück die vielleicht notwendige Kennerschaft und Sorgfalt angediehen werden. Häufig ist Auktionsware unrestauriert. Und da inzwischen bei den Auktionen nicht nur Händler, sondern auch viele Privatpersonen mitbieten, steigen die Preise teilweise selbst für wenig aufregende Ware in irrationale Höhen.

Antiquitätenfachhandel

Wer sich mit Kunst und Antiquitäten nicht wirklich gut auskennt und fundiert beraten werden möchte, sollte sich an einen seriösen Fachhändler wenden. Hören Sie sich um, wer Ihr Vertrauen verdient. Vergleichen Sie die Preise. Lassen Sie sich beraten und die jeweiligen Stücke erklären. Sie bekommen dann bald selbst ein Gespür dafür, wer reell und kompetent ist. Eine gute Sammlung läßt sich nur mit Hilfe und Unterstützung eines kenntnisreichen Händlers aufbauen.

Antiquitätenmessen, Trödel, Flohmärkte

Derartige Veranstaltungen weisen sehr starke Qualitätsunterschiede auf. Auf den großen Antiquitätenmessen stellt üblicherweise der häufig auch internationale Antiquitätenfachhandel hochwertige Objekte aus. Sie haben dann den Vorteil, verschiedene Anbieter – deren Ware meist durch eine fachkompetente Jury geprüft wurde – übersichtlich an einer Stelle versammelt zu finden.

Antik- und Trödelmärkte können eine gute Einkaufsquelle für einfache Objekte der letzten hundert Jahre sein. Wer sich auskennt, kann hier durchaus noch interessante Stücke finden, vor allem aus Jugendstil, Art déco und der Nachkriegszeit. Hier besonders wichtig: Prüfen Sie Echtheit und Erhaltungszustand der

Beim Kauf ist es sehr wichtig, daß Sie sich die zugesicherten jeweiligen Eigenschaften des Objekts – z. B. Material, Alter, Herkunft, Provenienz, Unversehrtheit – auf der Rechnung eigens bestätigen lassen. Für diese Angaben haftet der Händler mindestens sechs Monate, manche Händler sogar freiwillig und aus Kulanz ohne zeitliche Beschränkung. Vor allem bei kostspieligen Objekten lohnt es, sich genau über die Geschäftsbedingungen des jeweiligen Händlers zu informieren, z. B.:

»Der Verkäufer übernimmt die Gewährleistung nach § 477 BGB bis zur Höhe des Kaufwertes für die im Rechnungstext aufgeführten Angaben über Alter, Herkunft und Erhaltungszustand zu den verkauften Objekten.«

»Sammler und Jäger« auf dem Flohmarkt benötigen viel Ausdauer!

Ware! Spätere Reklamationen sind meist wenig aussichtsreich.

Für echte Sammler und Jäger kann auch der Flohmarkt ein interessantes Revier sein. Eine Kändlerfigur werden Sie mit großer Sicherheit dort nicht finden. Aber gerade wer auf kommende Trends setzt, kann sich hier mit Objekten versorgen, die außer ihm noch niemand sucht. Trotzdem sollten Sie vom Flohmarkt keine Wunder erwarten. Und viele Fachhändler erklären zu Recht, daß man auf dem Flohmarkt teilweise verhältnismäßig teuer einkauft.

Von privat, Kleinanzeigen

Sehr problematisch ist der Kauf hochpreisiger Kunstwerke und Antiquitäten von privat. Das Ganze spielt sich meist über den Kleinanzeigenteil der Wochenendausgaben überregionaler Tageszeitungen, etwa der »Frankfurter Allgemeinen« oder der »Süddeutschen Zeitung«, ab. Wer hier mit einem vermeintlich günstigen Schnäppchen kein Desaster erleben möchte, braucht viel Glück und vor allem Sachverstand. Sie haben später wenig Möglichkeiten, gegen Ihren Verkäufer – meist einen Privatmann – wegen falscher Aussagen vorzugehen.

Außerdem werden über diesen Weg häufig und gerne Fälschungen oder falsch deklarierte Ware angeboten.

Gestohlene Ware

Manchmal – glücklicherweise relativ selten – wird versucht, gestohlene Ware über den Kunst- und Antiquitätenhandel und über Auktionen abzusetzen. Einerseits nimmt die Zahl der Einbrüche in Wohnungen und Häuser zu, andererseits hat die Öffnung des Eisernen Vorhangs zu einer erschreckenden Zahl von Diebstählen aus meist nur unzureichend gesicherten Kirchen, Schlössern und Museen in den Staaten des ehemaligen Ostblocks geführt. Ein weiteres Problem stellen die antiken Gegenstände und Kunstwerke dar, die aus illegalen Raubgrabungen vor allem in Italien stammen.

Als Käufer können Sie sich vor allem dagegen schützen, in illegale Machenschaften verwickelt zu werden, indem Sie erstens bei seriösen Händlern kaufen und zweitens allzugünstigen »Schnäppchen« gegenüber ein gesundes Mißtrauen an den Tag legen.

Erwerben Sie gestohlenes Gut, kann die Sache für Sie unangenehm werden, denn die Rechtslage in Deutschland ist eindeutig: »Das deutsche Zivilrecht lehnt einen gutgläubigen Erwerb an gestohlenen Sachen ab.« (Picker). Das heißt auf gut deutsch: Stellt sich heraus, daß Sie für teures Geld einen gestohlenen Teppich gekauft haben, dann müssen Sie ihn dem Besitzer entschädigungslos zurückgeben. Sie können höchstens versuchen, Ihr Geld vom Händler zurückzubekommen.

Bitte bedenken Sie auch, daß bei Diebstählen nicht nur Gegenstände unrechtmäßig den Besitzer wechseln, sondern daß häufig auch erhebliche Zerstörungen angerichtet werden!

Ein Antikmarkt auf dem Lande.

Fünf Regeln, die Sie unbedingt beachten sollten:

1. Stellen Sie Fragen! Nur wer fragt, erfährt etwas: Schauen Sie sich um, vergleichen Sie die Angebote bei verschiedenen Händlern, lassen Sie sich die Vorzüge der jeweiligen Stücke und ihre Preise erläutern.
2. Das billigste Angebot ist nicht unbedingt das preiswerteste: Bemühen Sie sich, Qualität zu erkennen, denn nur Qualität ist wirklich wertbeständig!
3. Lassen Sie sich beim Kauf eine präzise Rechnung geben, aus der alle Ihnen mündlich zugesicherten Eigenschaften des Objekts hervorgehen.
4. Wenn Sie auf Auktionen kaufen: Prüfen Sie Ihr Wunschobjekt sorgfältig, ob es wirklich das ist, was es zu sein scheint oder zu sein vorgibt!
5. Wollen Sie eine Sammlung aufbauen: Arbeiten Sie sich in das Thema ein, besuchen Sie die einschlägigen Museen, verschaffen Sie sich ein profundes Sachwissen!

Zur Bildauswahl und zu den Preisen im Buch

Bei der Auswahl der Abbildungen wurde Wert darauf gelegt, daß diese das Angebot des Marktes und das Interesse der Sammler widerspiegeln. Das bedeutet: Sie finden hier Stücke aus wichtigen Kunst- und Antiquitätenbereichen, die zur Zeit oder in den letzten Jahren im aktuellen Auktions- und Antiquitätenhandel angeboten wurden oder noch werden.

Es wurde bewußt versucht, einen kompakten Überblick zu geben. Das bedeutet, daß die einzelnen Themen nur angerissen werden können. Dabei bemühten wir uns jedoch, die für das jeweilige Thema wichtigen Objekte beispielhaft darzustellen.

Die Preise

Preisangaben in einem Bereich, bei dem wir es zum großen Teil mit Einzelstücken zu tun haben, sind immer eine problematische Angelegenheit. Selbst Objekte, die in höheren Auflagen produziert wurden – z.B. Graphiken oder Porzellan –, werden doch durch ihren individuellen Erhaltungszustand zum Einzelstück.

Hin und wieder können Sie auf einer Auktion durchaus ein Schnäppchen machen. Sie bezahlen dann deutlich weniger als hier im Buch angegeben. Um auf Auktionen erfolgreich und preisgerecht einzukaufen, benötigen Sie jedoch Geduld, Glück und Sachverstand. Im seriösen Antiquitätenfachhandel werden Ihnen ausgewählte und üblicherweise entweder gut erhaltene oder bereits restaurierte Stücke mit Echtheitsgarantie angeboten. Die Preise sind daher meist höher als auf einer Auktion. Allerdings werden manchmal auch auf Auktionen – treffen etwa zwei fanatische Bieter aufeinander und treiben sich gegenseitig hoch – unrealistisch hohe Preise erzielt.

Nichtsdestotrotz werden Sie immer wieder mit Ausreißern nach oben oder unten konfrontiert werden. So spielt der Zustand des Objektes – oft auf der Abbildung nicht zu erkennen – eine ganz entscheidende Rolle bei der Preisbewertung.

Daneben sind die Preise auch von individuellen und teilweise auch irrationalen Faktoren abhängig. Etwa ob ein Händler eine teure Ladenmiete bezahlen muß und kompetentes Fachpersonal beschäftigt, ob er durch Zufall ein Stück günstig eingekauft hat und diesen Vorteil an den Kunden weitergibt, oder ob Sie etwa ein norddeutsches Stück vergleichsweise günstig in Süddeutschland erwerben und umgekehrt.

Sehr häufig hängt es auch vom Verhandlungsgeschick des Käufers ab, wieviel er bezahlen muß. Die meisten Preise, die ein Händler angibt, beinhalten einen gewissen Verhandlungsspielraum...

Trotzdem haben wir uns bemüht, im Folgenden ein realistisches Preisgefüge zu liefern, anhand dessen Sie sich zuverlässig orientieren können.

Wiederverkauf

Und noch eines sollten Sie beachten: Wollen Sie etwa ein schönes Erbstück verkaufen oder ihre Sammlung dezimieren, erzielen Sie natürlich in den seltensten Fällen den hier im Buch genannten Preis. Der Preis, den Ihnen ein Händler bezahlt, liegt meist eher bei der Hälfte bis zwei Dritteln des hier angegebenen Marktpreises. Holen Sie aber auf jeden Fall mehrere Angebote ein!

Die angegebenen Preise orientieren sich an den **aktuellen Verkaufspreisen des Kunst- und Antiquitätenfachhandels.** Sie beziehen sich nur bedingt auf das konkret abgebildete Objekt. Vielmehr soll damit der Typus, für den das abgebildete Objekt steht, bewertet werden.

Aus diesem Grund wurde immer eine Preisspanne angegeben. Diese soll, soweit möglich, der Bandbreite bezüglich Qualität, Zustand und Provenienz, in der das Objekt am Markt auftauchen kann, Rechnung tragen.

Wenn nicht anders angegeben, wird bei der Preisbewertung von einem guten Zustand des Objekts, ohne größere Restaurierungen und Ergänzungen ausgegangen.

Bildgeber und Abbildungsnachweis

Den Bildgebern aus Antiquitäten- und Auktionshandel, die ausgesprochen großzügig Abbildungsmaterial und Informationen zur Verfügung gestellt haben, gilt der besondere Dank der Autoren und des Verlages:

Frieder Aichele
Calwer Straße 38
70173 Stuttgart
Abb. S. 12, 25;
Abb. Nr. 21, 22, 29, 30, 164, 203

Luis Arens
Amalienstraße 33
80799 München
Abb. Nr. 151, 152

Anne-Marie Auzanneau de Sèze
Kanzelstraße 33
65191 Wiesbaden
Abb. Nr. 118

Joachim Baader
Schöttle Ostasiatica
Ludwigstraße 11
80539 München
Abb. Nr. 19, 20

Galerie Gerda Bassenge
Kunst- und Buch-Auktionen
Erdener Straße 5 a
14193 Berlin
Abb. Nr. 58–64; Umschlagrückseite

Bohm & Lauterbach
Kunstauktionen
Lange Geismarstraße 73
37073 Göttingen
Abb. Nr. 66, 67, 111

Bolland & Marotz
Auktionshaus Bremen
Fedelhören 19
28203 Bremen
Abb. Nr. 73, 74, 131, 161

Galerie Claude
Claus & Walter Friedrich
Deutzer Freiheit 103
50679 Köln
Abb. S. 24;
Abb. Nr. 7–10, 109, 112

Daxer & Marschall
Wittelsbacherplatz 6
80333 München
Titelabbildung (Sessel)

Galerie Fischer Auktionen AG
Haldenstraße 19
CH-6006 Luzern
Abb. Nr. 35, 136

Dr. Jürgen Fischer
Heilbronner Kunst- und
Auktionshaus
Trappensee-Schlößchen
74074 Heilbronn
Abb. Nr. 11, 44–49, 52–56, 120

Hauswedell & Nolte
Auktionen – Antiquariat
Pöseldorfer Weg 1
20148 Hamburg
Abb. Nr. 76

Ethnographica Henseler
Galeriestraße 2 a
80539 München
Abb. S. 10;
Abb. Nr. 1–6

Detlef Hilmer
Bahnhofsplatz 2
80335 München
Abb. 137–140

Auktionshaus Ineichen
Badenerstraße 75
CH-8004 Zürich
Abb. Nr. 188–191

Bildgeber und Abbildungsnachweis

Karl & Faber
Auktionen
Amiraplatz 3
80333 München
Abb. Nr. 82

Galerie Koller
Auktionen
Hardturmstraße 102
CH-8031 Zürich
Abb. Nr. 92

Kunsthaus Lempertz
Auktionen
Neumarkt 3
50667 Köln
Abb. S. 24;
Abb. Nr. 34, 77, 80, 81, 114, 119

Stuttgarter Kunstauktionshaus
Dr. Fritz Nagel
Adlerstraße 31–33
70199 Stuttgart
Abb. S. 15, 20;
Abb. Nr. 23–27, 39, 75, 78, 79, 89, 90, 94, 105–107, 113, 115, 116, 121, 123, 124, 127–130, 132, 133, 135, 143, 148, 149, 155–157, 170–177, 179, 180, 183, 185–187;
Frontispiz

Neumeister
Münchner Kunstauktionshaus KG
Barer Straße 37
80799 München
Abb. Nr. 36–38, 40–43, 134, 147, 153, 154, 182

Ursula Nusser
Auktionen
Nordendstraße 46–48
80801 München
Abb. Nr. 104

Privatsammlung
Dr. Joachim Baumhauer,
Hannover
Abb. Nr. 142, 196–199, 202

Röbbig München
Prannerstraße 3
80333 München
Abb. Nr. 125

Gabriele Ruef
Ottostraße 13
80333 München
Abb. Nr. 204

Wolfgang Ruf
Brahmsweg 3
76437 Rastatt
Abb. Nr. 192, 193

Schlapka KG
Gabelsbergerstraße 9
80333 München
Abb. Nr. 97–102

Kunstauktionshaus Schloß Ahlden
29691 Ahlden/Aller
Abb. Nr. 65, 68–72, 122, 162, 163, 181, 184

Dr. Thomas Schmitz-Avila
Koblenzer Straße 36 + 55
53498 Bad Breisig
Abb. S. 8, 16;
Abb. Nr. 83–88, 91, 95, 96, 178

Achim Schürenberg
Rennbahn 3
52062 Aachen
Abb. S. 23;
Abb. Nr. 50, 51; Titelabbildung (Lampe)

Klaus Spindler
Baaderstraße 45
80469 München
Abb. Nr. 103

Georg Urban
Prannerstraße 5
80333 München
Titelabbildung (Putto)

Peter Vogt
Antiquitäten im Rathaus
Marienplatz 8
80331 München
Abb. S. 14;
Abb. Nr. 28, 31–33, 165–169, 194, 195, 205–208

Anna-Maria Wager/E. Helga Ahrend
Prannerstraße 4
80333 München
Abb. Nr. 144–146

Auktionshaus Weidler
Albrecht-Dürer-Platz 8
90403 Nürnberg
Abb. Nr. 108

Michael Zeller
Auktionshaus
Maximiliansstraße 25 a
88131 Lindau
Abb. Nr. 93, 110, 126, 159, 160

Die übrigen Abbildungen stammen aus dem Archiv der Autoren.

© für J. Beuys (*Abb. Nr. 80*),
M. Chagall (*Abb. Nr. 77*),
O. Dix (*Abb. Nr. 75*),
D. Giacometti (*Abb. Nr. 119*),
Y. Klein (*Abb. Nr. 79*),
A. Koester (*Abb. Nr. 43*),
J. Miró (*Abb. Nr. 78*),
J. Wopfner (*Abb. Nr. 41*)
VG Bild-Kunst, Bonn 1996
© für P. Picasso (*Abb. Nr. 76*):
Succession Picasso/VG Bild-Kunst,
Bonn 1996
A. R. Penck (*Abb. Nr. 82*) mit freundlicher Genehmigung von Galerie Werner Köln – New York

Die einzelnen Bereiche von A bis Z

Africana

Die Geschichte der afrikanischen Kunst als Sammelgebiet ist noch nicht sehr alt. Ihre Bedeutung als ernstzunehmende Kunsthandelsobjekte erhielten die Stücke erst nach der Jahrhundertwende, als die Künstler des Kubismus und Expressionismus die ästhetischen Qualitäten der Stammeskunst zu schätzen begannen. Bereits zuvor war afrikanische Kunst von Missionaren, Händlern und Kolonialbeamten erworben worden, jedoch nicht als Kunstwerke, sondern als Ethnographica oder Kuriosa.

Unter afrikanischer Kunst oder Africana versteht man Holzskulpturen, Masken und Kunsthandwerk der schwarzafrikanischen Stämme südlich der Sahara. Aufgrund der klimatischen Bedingungen und der Tatsache, daß es sich überwiegend um Gegenstände des kultischen Gebrauchs handelt, sind sie meistens nicht älter als hundert Jahre. Eine Ausnahme stellen Objekte dar, die bereits während des 19. Jahrhunderts in Museen und Sammlungen gelangten.

Die Stammesnamen dienen in einer großen Zahl der Fälle zugleich als Stilbezeichnungen. Die bekanntesten unter ihnen sind Yoruba, Senufo und Fang.

Auch wenn die meisten Sammler die afrikanische Kunst wegen ihrer ästhetischen Qualitäten schätzen, sollte man doch nie vergessen, daß die Objekte nicht als eigenständige Kunstwerke geschaffen wurden, sondern innerhalb des Stammeskultes eine religiös-gesellschaftliche Aufgabe zu erfüllen hatten:

1. Ahnenkult: Im Totenkult stellen meist nach dem Formenkanon des Stammes gebildete Ahnenbilder die Verbindungen zwischen Diesseits und Jenseits her. Die Ahnen werden verehrt, und an sie werden von Seiten der Lebenden Bitten und Wünsche gerichtet. Gleichzeitig sind die Ahnen darauf angewiesen, von den Lebenden mit Nahrung versorgt zu werden.

2. Magische und mächtige Zauberfiguren sollen, wie der Name schon sagt, einen Zauber auf andere Menschen oder die Naturkräfte ausüben.

3. Masken verkörpern häufig Buschgeister oder andere Wesen. Bedeckt etwa ein Tänzer sein Gesicht mit einer solchen Maske oder schlüpft er in ein entsprechendes Gewand, eignet er sich mit Hilfe dieser Maske die Identität des Geistes oder eines Ahnen an.

Kriterien der Echtheit

Im Gegensatz zu anderen Antiquitäten spielt das Alter für die Echtheit eines afrikanischen Kunstobjekts keine besondere Rolle. Somit ist hier auch der juristisch-zollrechtliche Begriff, nach dem Antiquitäten mindestens hundert Jahre alt sein müssen, nicht anwendbar. Zum einen sind die Holzarten, die in Afrika für die Herstellung solcher Gegenstände verwendet wurden, wenig dauerhaft, vor allem aufgrund des Termitenbefalls. Zum anderen definieren sich die Objekte durch ihre Zweckbestimmung. Echt ist daher ein Objekt, das im Rahmen des Kultes verwendet wird oder wurde. Daher gelten entsprechende Gebrauchsspuren als Echtheitskriterium.

Für Africana als Sammelobjekte bedeutet dies, daß wegen des starken Verfalls der afrikanischen Stammestraditionen (nicht zuletzt unter dem Einfluß der allgegenwärtigen Missionare) die verfügbare Ware begrenzt ist.

Kleinere Beschädigungen spielen im Gegensatz zu zahlreichen anderen Sammelgebieten – etwa Glas oder Porzellan – bei der Preisbewertung afrikanischer Kunst keine Rolle. Ganz im Gegenteil werden fehlende Gebrauchs- oder Abnutzungsspuren als preismindernd betrachtet.

Neben der klassischen afrikanischen Kunst sind die »minor arts« bei steigenden Preisen im Kommen: nicht-skulpturale Gebiete wie Möbel, Gebrauchsgegenstände, Textilien, Keramik und Flechtarbeiten.

Außereuropäische Kunst

Afrikanische Kunst ist nur ein Teilbereich der außereuropäischen Kunst, zu der u.a. auch die Kunst Asiens (siehe S. 44 ff.), Ozeaniens oder etwa die präkolumbianische Kunst gehören, die seit mehreren Jahren verstärkt das Interesse der Sammler erregen, welche übrigens häufig der Kunst- und Designszene angehören.

Da die Preise für gute zeitgenössische Kunst inzwischen ins Astronomische gestiegen sind, haben viele Kunstinteressierte die afrikanische Kunst als qualitativ ebenbürtige Ausweichmöglichkeit erkannt, die im Gegensatz zur zeitgenössischen Kunst auch noch mit eingeschränktem Budget erworben werden kann.

Preisbestimmende Faktoren:

- Ästhetische Qualität des Objektes.
- Verwendung im Kult.
- Ethnographischer Wert.
- Größe: je größer, desto teurer.
- Provenienz (Herkunft aus einer bedeutenden Sammlung).

1 »Walu«-Maske (Antilope)

Dogon, Mali.
Holz.
H. 33 cm
20.000,– bis 30.000,–

*

Generell sind echte Masken bereits ab wenigen hundert Mark zu erwerben. Entsprechend ihrer Schönheit und Seltenheit steigen die Preise.

Den vielleicht bekanntesten Typus der afrikanischen Kunst stellt die Maske dar. Masken verkörpern häufig Ahnen, aber auch Geister oder Tiere. Mit Hilfe der Maske verwandelt sich ein Tänzer. Er verliert seine eigene Identität und schlüpft in die der dargestellten Wesen. Seine Bewegungen und seine Stimme verändern sich.

Dabei darf die Maske nicht mit dem verkörperten Menschen oder Tier verwechselt werden. Die Maske ist nur das Mittel, den Geist herbeizurufen.

2 Maske Nwantanay

Bwa, Burkina Faso.
Holz.
H. 209 cm
20.000,– bis 30.000,–

*

Neben der Schönheit und Seltenheit spielt auch die Größe eines Objektes – das hier abgebildete ist immerhin über zwei Meter hoch! – bei der Preisbewertung eine Rolle.

3 Mutterfigur

Senufo, Elfenbeinküste.
Holz.
H. ca. 85 cm
30.000,– bis 50.000,–

*

Sehr gute afrikanische Figuren liegen meist im fünfstelligen Preisbereich. Einfachere sind jedoch schon für unter 1.000,– zu bekommen.

Ahnenbilder werden meist nach einem für den jeweiligen Stamm typischen Formenkanon hergestellt. Dabei ist es nicht wichtig, die Ahnen zu individualisieren, sondern zu typisieren. Ihre Aufgabe besteht darin, eine Verbindung zwischen der diesseitigen und der jenseitigen Welt zu schaffen. Sie dienen als Übermittler und Boten zwischen den Welten.

Anders die Zauberfiguren (rechte Abb.). Sie sollen aktiv handeln und einen Zauber auf einen anderen Menschen ausüben. Soll dem Opfer beispielsweise Schaden – mit Hilfe eines Schadenszaubers – zugefügt werden, schlägt man der Figur Nägel ein, um das Opfer zu verletzen oder zu lähmen.

4 »Bwanga« Zauberfigur

Songe, Zaire.
Holz, Bast, Glasperlen und Tapeziernägel.
H. 39 cm
30.000,– bis 50.000,–

Africana

5 Trommel

Lele, Zaire.
Holz.
H. 108 cm
10.000,– bis 20.000,–

Neben den Kultobjekten aus Holz waren auch solche aus Ton verbreitet. Während jedoch Holzmasken und -figuren von Männern hergestellt wurden, oblag das Töpfern von Gefäßen und Figuren meist den Frauen.

Getöpfert wurde nicht durch Drehen auf der Töpferscheibe, sondern durch Aufbauen mit Hilfe von Tonwülsten oder Abformen bestehender Gefäße.

6 Gedenkfigur

Ashanti, Ghana.
Keramik.
H. 22 cm
2.000,– bis 3.000,–

*

Nicht-figürliche Keramik ist weniger begehrt als figürliche und noch günstig zu bekommen.

Art déco

Der Begriff Art déco stammt aus den 60er Jahren unseres Jahrhunderts. Damals wurde man auf diesen, im Gegensatz zur funktionalistischen Ödnis dekorativen und modern-ornamentalen Stil der 20er und 30er Jahre nach Jahrzehnten der tiefsten Verachtung wieder aufmerksam. Nach der Jugendstilwelle schwappte eine Art déco-Woge über den Sammlermarkt, die bis heute nicht abgeklungen ist.

Der Stil

Nachdem bereits der Jugendstil um die Jahrhundertwende den Muff des Historismus abgeschüttelt hatte, etablierte sich mit dem Art déco ein zukunftsgewandter Stil, der Möbel, Lampen, Geschirr und Schmuck bis hin zu Puderdosen erfaßte. Hatte sich der Jugendstil trotz aller Aufbruchsstimmung noch an einer konventionellen Lebensweise orientiert, wurden während des Art déco die Traditionen kurzerhand über Bord geworfen. Die Frauen schnitten sich die Haare ab und gingen Geld verdienen. Aus den Wohnungen verschwanden Plüsch und schwülstige Sofas. Dafür gab es nun helle, sachliche Möbel und Haushaltsgegenstände, die an Maschinen erinnerten, mit Chrom, Glas und Stahl.

In Frankreich wurden dabei von der »High Snobiety« die stilistischen Maßstäbe gesetzt, an denen sich vor allem nach der berühmten Kunstgewerbeausstellung von 1925 in Paris auch die anderen europäischen Länder und allmählich auch die USA orientierten.

Dabei zeigten sich durchaus nationale Unterschiede: So ist in Deutschland immer eine Betonung des Funktional-Sachlichen zu spüren, in Italien eine klassizistische Zurückhaltung, in England – neben gelegentlichen skurrilen Zügen – ein betonter Funktionalismus (nicht zuletzt durch die erzwungene Emigration von Bauhauskünstlern mitinitiiert) und in den skandinavischen Ländern eine Anknüpfung an handwerkliche Traditionen.

Das Angebot

Im Bereich des Kunsthandels hat sich ein stark differenzierter Art déco-Markt von einfacher Trödelware über mittelpreisige Prestigeobjekte bis hin zu absolut hochpreisigen Museumsstücken etabliert. Dies spiegelt auch die Bandbreite der damaligen Produktion wider. Sie reicht von höchst aufwendigen handwerklichen Spitzenprodukten, primär für eine exklusive Klientel, bis hin zu billigen Massenartikeln. Vor allem auch während der Depressionszeiten ersetzten Chrom Silber und das neuentwickelte Bakelit Naturstoffe wie Elfenbein zunehmend . (Siehe auch Abb. Nr. 112)

Preisbestimmende Faktoren:

- Ästhetische und kunsthandwerkliche Qualität: Stücke von Ruhlmann, Printz, Eileen Gray, Lalique usw. sind ausgesprochen teuer.
- Signierte Objekte, z. B. Glas von Lalique.
- Authentischer Erhaltungszustand.
- Seltenheit und Originalität.

Art déco

7 Schreibtisch

Frankreich, Eugène Printz, um 1932.
Palmenholz und poliertes Eisen.
H. 72 cm, B. 144 cm, T. 68 cm
100.000,– bis 150.000,–

✶

Solche einzigartigen Spitzenstücke gehören auch preislich zu den Preisführern.

8 Sessel

Frankreich, Eugène Printz, um 1935, signiert.
Nußbaum massiv, Buche.
H. 75 cm, B. 57 cm, T. 65 cm
50.000,– bis 60.000,–

Eugène Printz (1879–1948) war ein französischer Möbeldesigner, der in Holz ebenso brillierte wie in Metall (siehe die obere Abbildung) und berühmt für seine eigenwilligen Möbel ist.

Der um 1932 entstandene Schreibtisch fasziniert durch den spannungsreichen Kontrast von kühlem, polierten Metall und edlem, warmem Palmenholz sowie von geraden und geschwungenen Elementen.

Daß Printz in seinem Bemühen aber durchaus von traditionellen Möbelformen ausging, die er umgestaltete und modernisierte, veranschaulicht der unten abgebildete, sehr elegante Sessel.

9 Stuhl, Modell »Salonicol«

Frankreich, Jacques-Émile Ruhlmann, um 1933, signiert.
Makassar-Ebenholz massiv.
H. 88 cm, B. 53 cm, T. 55 cm
30.000,– bis 40.000,–

*

Ruhlmann-Sekretäre können leicht über 100.000,– kosten.

Jacques-Émile Ruhlmann (1879 bis 1933) galt und gilt heute wieder als der führende Möbelentwerfer des Art déco, dessen überaus aufwendig verarbeitete Erzeugnisse (man beachte, wie die kunstvoll geschwungene Armlehne und das Stuhlbein aus einem Stück gearbeitet sind!) allerdings nur für einen sehr kleinen Kundenkreis geschaffen wurden. Nur dieser konnte die wegen des ungeheuren Arbeitseinsatzes schon damals astronomisch hohen Preise bezahlen. Früh führte Ruhlmann die spitz zulaufenden Beine ein, die als sein Markenzeichen gelten.

War Ruhlmann der führende Möbelschreiner des französischen Art déco, so galt Edgar Brandt (1880 bis 1960) als der bedeutendste Kunstschmied seiner Zeit. Da er eine Dependence in New York unterhielt, tauchen heutzutage auch in den USA zahlreiche seiner Stücke auf.

10 »Königskobra«

Skulptur als Uhrenständer.
Frankreich, Edgar Brandt, 1920er Jahre, signiert, Schmiedeeisen, patiniert.
H. 11 cm, D. 10 cm
2.500,– bis 3.500,–

Art déco

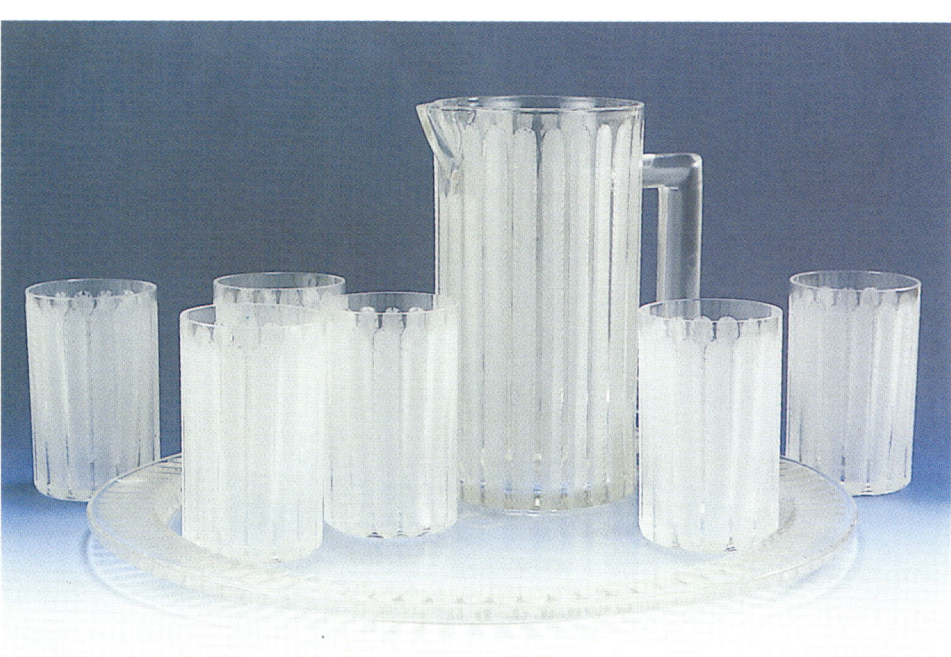

11 Service »Jaffa«

Frankreich,
bez. »R. Lalique, France«,
um 1931.
Henkelkrug, sechs Becher und
Tablett. Farbloses, in die Form
gepreßtes Glas, geometrischer
Reliefdekor.
5.000,– bis 8.000,–
*
Lalique-Glas liegt relativ stabil im oberen vierstelligen Preisbereich.

12 Toilette-Set

England, um 1930.
Glas, geschliffen und eingefärbt.
H. ca. 8 cm
200,– bis 250,–
*
Bei Massenware des Art déco sind auch attraktive Stücke noch preiswert zu bekommen.

Während Ruhlmann den Möbelbereich dominierte, herrschte René Lalique (1860–1945) über das Glas. Seine über zweitausend durchgehend hochstehenden Entwürfe ließ er überwiegend in seinen eigenen Manufakturen, die noch heute aktiv sind, herstellen.

Die Preise für Lalique-Glas haben in den letzten Jahrzehnten stark angezogen, und obwohl es sich hier überwiegend um industriell hergestellte Massenware handelt, haben sich die Bewertungen auf einem meist in die mehrere tausend Mark gehenden Sockelbereich stabilisiert.

Daß im Art déco auch für den anonymen Massenmarkt gutes Glas vor allem in Böhmen, aber auch in Frankreich, Deutschland und England hergestellt wurde, beweist dieses englische Toilette-Set mit einem attraktiven, gelb eingefärbten Dreiecksdekor.

Art déco

13 Teekanne

England, Picquot Ware,
um 1930.
Aluminium, Holzgriffe.
80,– bis 120,–

*

Solche Objekte sind noch relativ häufig und daher recht preisgünstig

14 Armband

Frankreich, um 1930.
Bakelit in Gelb und Schwarz.
B. 2,6 cm
200,– bis 300,–

*

Je breiter, desto teurer.

Auch Gegenstände des täglichen Gebrauchs wurden in den 30er Jahren originell gestaltet. Der sachlichere und strengere Charakter dieser Zeit gegenüber den verspielteren und wilderen 20ern trifft dabei auf immer mehr Gegenliebe bei heutigen Sammlern, so daß vergleichbare Picquot-Wasserkessel heute wieder hergestellt und auch in Deutschland vertrieben werden.

Bakelit war zwar nicht der einzige Kunststoff, der zur damaligen Zeit entwickelt und verwendet wurde, doch hat sich der Produktname des von Leo Baekeland erfundenen Kunststoffs als Gattungsbegriff für alle Kunststoffsorten dieser Zeit allgemein durchgesetzt. Bakelit wurde für alle möglichen Zwecke, etwa Radios, Aschenbecher, Gefäße usw., eingesetzt, fand jedoch vor allem dann, als man es auch in bunten Farben herstellen konnte, u.a. in der Modeschmuckindustrie breite Verwendung. Heute ist Bakelit wieder groß in Mode; die Preise sind relativ hoch.

Art déco

15 Perückenkopf

Wohl Deutschland, 1920er Jahre.
Bemalter Gips.
H. ca. 40 cm
500,– bis 1.000,–

*

Viele Händler haben solche Büsten als Dekoration im Laden stehen und wollen sie daher nicht verkaufen.

Weniger für dekorative Zwecke, sondern vielmehr als Hut- und Perückenständer waren solche aus Gips gegossenen Köpfe gedacht. Sie lösten die Wachsfiguren des Jugendstils ab und wurden ihrerseits durch die Plastikfiguren der Nachkriegszeit ersetzt. Heute sind sie wegen ihrer strengen Schönheit sehr begehrt und gar nicht so einfach zu bekommen, weil sie vielen Händlern als Ladendekoration dienen.

Die streng geometrischen Formen der Halskette verweisen auf die 20er Jahre. Mit der Verwendung von Silber, Markasiten, Chalzedon und Achat steht sie zwischen Modeschmuck und sogenanntem echten Schmuck.

16 Halskette

England, um 1930.
Silber, Markasiten, Chalzedon und brauner Achat.
800,– bis 1.200,–

*

Schöner Art déco-Schmuck erfreut sich großer Beliebtheit und kostet häufig über 1.000,–.

Art déco

17 Zigarettendose und Kamm im Etui

Um 1930.
Messing, rot und schwarz emailliert.
Dose L. 10,5 cm, B. 6,5 cm
Kamm L. 11 cm
Zus. 400,– bis 600,–

18 Zwei Puderdosen

Frankreich, 1920er Jahre.
Metall, emailliert.
L. ca. 10 cm, B. ca. 7 cm
Je 200,– bis 300,–
✱
Entscheidend für die Preisbewertung sind Design und Erhaltungszustand!

Lack war die Leidenschaft des Art déco-Zeitalters und wurde von Eileen Gray (1879–1976) und Jean Dunand (1877–1942) eingeführt. Allerdings war der Naturlack extrem aufwendig zu verarbeiten, so daß man sehr bald bei der Massenfertigung auf die neu entwickelten Kunstlacke umstieg. Analoges gilt für Email, das in Frankreich vor allem in Limoges verarbeitet wurde. Auch dieses wurde in der billigeren Massenherstellung durch entsprechend aussehende Lacke und Oberflächen ersetzt. So hat sich aus dieser Zeit eine verhältnismäßig große Zahl von Zigarettenetuis, Puder- und anderen Dosen und Schachteln erhalten, die mit mehr oder weniger geometrisch-schlichten, meist aber sehr effektvollen Dessins verziert sind.

Asiatica

Unter Asiatica versteht man üblicherweise Kunst und Kunsthandwerk Ostasiens, also Chinas, Japans und Tibets sowie vor allem der von China beeinflußten Gebiete.

Der ferne Osten ist für den Okzident immer ein geheimnisvolles, sagenumwobenes Land gewesen, aus dem bereits in der Antike auf der Seidenstraße Güter zu uns gelangten. Im Gegensatz zur schwarzafrikanischen Kunst, die im wesentlichen einer archaischen Stammeskultur entstammt, handelt es sich bei der fernöstlichen Kunst um die hochentwickelten Erzeugnisse einer sehr alten Hochkultur. Dabei haben wir es mit mehreren, jeweils durchaus eigenständigen Kulturen zu tun, die jedoch untereinander eine deutlich sichtbare Verwandtschaft aufweisen.

Das Sammeln von Asiatica

Während im 17. und 18. Jahrhundert vor allem chinesisches Porzellan in Europa heiß begehrt war, waren es im 19. Jahrhundert hauptsächlich die japanischen Holzschnitte, die bei den Künstlern im Westen einen nachhaltigen Eindruck hinterließen.

Eine Besonderheit der fernöstlichen Kunst ist zwar ihr ehrfurchtgebietendes Alter und ihre im Gegensatz zur europäischen Kunstentwicklung fast statische Entwicklungslosigkeit. Jedoch sind die Erzeugnisse dieser Kultur nicht wie etwa bei der altägyptischen oder der südamerikanischen Hochkultur nur archäologisch bekannt, sondern diese Kulturen sind bis in die Gegenwart lebendig und aktiv und haben sich im 20. Jahrhundert als äußerst dynamisch erwiesen. Heute stehen sie sogar davor, den kulturellen und technologischen Vorsprung des Westens nicht nur einzuholen, sondern sich selbst an die Spitze zu setzen.

Dies hat natürlich auch auf den Handel mit diesen Kunstwerken einen nachhaltigen Einfluß, weil in diesen Ländern selbst gewaltige finanzielle Potenzen angehäuft und so die Preise auch von dieser Seite nach oben »gepuscht« werden.

Sammler der fernöstlichen Kunst sind meist nicht nur rein kunstinteressierte Menschen, sondern solche, die auch von deren gesamter Kultur stark beeindruckt und angezogen sind. So hat sich etwa die tibetanische Kultur trotz und gerade wegen der schmählichen Unterdrückung durch das chinesische Terrorregime in der ganzen Welt Freunde geschaffen und ihre starke Spiritualität exportiert. Im Zeichen des expandierenden Ferntourismus ist anzunehmen, daß sich diese Begegnungen mit fremden Kulturen noch verstärken werden.

Charakteristiken asiatischer Kunst

Ostasiatische Kunst zeichnet sich aus durch eine frappante, handwerklich hohe Materialbeherrschung, eine festgefügte, lang andauernde künstlerisch-handwerkliche Tradition, in die sich das einzelne Individuum einzufügen hat.

Die meisten Kunstwerke sind, mit Ausnahme der japanischen Holzschnitte und einer Anzahl von Malereien, nicht mit einem bestimmten Künstlerindividuum verknüpfbar.

Häufig, etwa im Falle der unzähligen Buddhadarstellungen, werden feste Schemata wiederholt und variiert, wobei es doch jeder Zeit und jeder Region gelingt, ihren eigenen Ausdruck und ihre besondere Gestimmtheit den Figuren mitzuteilen.

Preisbestimmende Faktoren:

- Künstlerische und ästhetische Qualität.
- Erhaltungszustand.
- Seltenheit.
- Alter.
- Moden.

19 Altarskulptur

Die weibliche Gottheit dPal ldan dmag zor rGyal mo auf ihrem Maultier und mit ihren Gehilfinnen.
Mongolei, Mitte bis zweite Hälfte 18. Jh.
Helle Bronze mit sehr guter Feuervergoldung und ikonographischer Bemalung.
Gesamt-H. 33 cm
45.000,– bis 50.000,–

*

Die Figuren sind noch original kultisch verschlossen, die Basis enthält ihren Weihinhalt, der Sockel war jedoch geöffnet. Die Sandelholzkeule, das Attribut in der rechten Hand der Gottheit, ist verlorengegangen und vermutlich auch das Sichelmesser der rechten Gehilfin.

20 Thangka

Tibet, 19. Jh.
13faches Göttermandala der dGra la-Gottheit dDud rtsi gyal ba (Skr. Amrtakundalin).
Tempera und Gold auf Leinwand.
H. 30 cm, B. 30 cm
5.000,– bis 5.500,–

*

Die begleitenden Gottheiten sind nur durch Farbpunkte angedeutet und müssen in der Meditation visualisiert werden.

Links abgebildet ist die buddhistische Schutzgottheit dPal ldan dmag zor rGyal mo, deren Gehilfinnen mit den abgezogenen Häuten menschenähnlicher Yakshas bekleidet sind. Die Göttin reitet über den Blutsee Muleding voller Knochen und Schädel, als ein Sinnbild für den Blutozean der Leidenschaft. Die hier dargestellte Blutrünstigkeit richtet sich jedoch nur gegen das Negative.

Thangkas sind Rollbilder mit religiösem Inhalt. Ein Mandala ist der mystische Wohnort einer buddhistischen Gottheit und dient hier als bildhafte Meditationshilfe.

Tibetische Mandalas sind immer abstrakt – aus Kreis und Quadrat – aufgebaut, wobei sich die kosmischen Symbole um einen Mittelpunkt gruppieren.

Asiatica

21 Figur der Guanyn

China, Te-hua, Provinz Fujian, Mitte 17. Jh.
Porzellan »Blanc de Chine«, zwei Preßmarken: He Chaozong.
H. 22 cm
7.500,– bis 9.000,–

Porzellan wurde in China nicht zu einem bestimmten Zeitpunkt und an einem bestimmten Ort erfunden wie später in Europa, sondern hat sich in Jahrhunderten an verschiedenen Stellen aus dem ständigen Experimentieren mit Steinzeug entwickelt.

Tonnenweise wurde für Europa gefertigtes Exportporzellan über die Meere verschifft, so auch das Blanc de Chine (linke Abb.), ein meist unbemaltes Porzellan, das im 17. und 18. Jahrhundert in größeren Mengen aus Te-hua in der chinesischen Provinz Fuchien nach Europa exportiert wurde (siehe auch Abb. S. 12 und S. 25).

Besonders wurde im Westen die blaue Unterglasurfarbe, die auch die schlicht-elegante Kanne auszeichnet, bewundert und man versuchte, sie bei Fayencen (siehe z.B. Abb. Nr. 28) oder später auch beim sog. Zwiebelmuster nachzuahmen.

22 Kanne

China, Kangxi (1662–1722).
Porzellan, puderblaue Glasur.
H. 19,5 cm
3.000,– bis 3.800,–

23 Pferd

China, Tang-Dynastie
(618–906 n. Chr.).
Ton, rötlich-beiger Scherben,
Sattel mit orangefarbener Bemalung.
H. 58 cm, L. 53 cm
30.000,– bis 50.000,–

Schon im alten China war es üblich, den Verstorbenen Figuren aus Ton mit ins Grab zu geben, um ihnen das Leben im Jenseits zu erleichtern. Die klassische Periode der Grabfiguren ist die Tang-Dynastie (618–906 n. Chr.), der auch das hier abgebildete Pferd entstammt. Gerade Tang-Pferde sind sehr begehrt, daher aber leider auch bei Fälschern beliebt.

Der rechts abgebildete Schrank aus Korea zeichnet sich vor allem durch seine verschwenderisch aufwendige Verzierung aus, unter anderem mit Messing und Rochenhaut. Letztere fand während des Art déco wieder bei sehr teuren und extravaganten Möbeln Verwendung.

24 Schrank

Korea, Yi-Dynastie, Anfang 19. Jh.
Holz mit braunem Lackdekor. In einer Art Cloisonné-Technik aufgelegte Messingdrähte, gefüllt mit cremebeigefarbener Rochenhaut. Drei Doppeltüren und drei Schubfächer.
H. 140 cm, B. 91 cm, T. 40 cm
40.000,– bis 80.000,–

Asiatica

Inro sind kleine, mehrstöckige Kästchen – häufig als Medizinbüchsen, für Siegel oder Schreibzeug –, die von japanischen Männern in Ermangelung von Taschen an ihren Kleidern getragen wurden und oft sehr kunstvoll gearbeitet waren.

Befestigt wurden sie mit Hilfe einer Schnur, wobei ein Netsuke zum Festzurren diente. Mit Hilfe eines Ojime genannten Schiebeknopfes ließ sich die Schnur anspannen. Meist sind die figürlich gestalteten Netsuke aus Holz – vorzugsweise aus rötlichem Buchsbaum – geschnitzt, aber auch Elfenbein, Horn und ähnliche Materialien fanden Verwendung. Die ältesten Netsuke stammen noch aus der Zeit vor 1800. Den Höhepunkt ihrer Entwicklung aber stellte das 19. Jahrhundert dar.

Netsuke (»Netske« ausgesprochen) mit ihrer Vielfalt menschlicher Figuren und Tieren gehören mit zu den beliebtesten Sammelobjekten asiatischer Kunst.

Diese zierlichen Kunstwerke sind in reichlicher Zahl überliefert und deshalb auch noch einigermaßen erschwinglich.

25 Inro

Japan, 18. und 19. Jh.
Teils mit Ojime und Netsuke.
Lack und andere Materialien.
**Inro je 3.000,– bis 10.000,–
Netsuke je 1.000,– bis 5.000,–**
*
Größe, Seltenheit, Schönheit und Aufwand der Verarbeitung bestimmen den Preis, der auch sehr hoch ausfallen kann.

Asiatica

26 Schreibkasten

Japan, 19. Jh. (Meiji-Periode).
Tiefgeschnittener Lackdekor in Rot,
Grün, Ocker und Schwarz.
H. 25 cm, B. 23 cm
4.000,– bis 8.000,–
*
*Lackarbeiten aus der Zeit vor
1800 werden meist höher
bewertet.*

27 Ikeda Eisen (1790 – 1848)

Japan. Kakemono-e: Darstellung
eines Schauspielers. Farbholzschnitt.
Verleger: Tsuta-ya Kichizô.
H. 69,7 cm, B. 24,7 cm
1.500,– bis 4.000,–
*
*Erhaltungszustand, Schönheit
und Frische der Farben bestimmen den Preis.*

Der links abgebildete Schreibkasten mit tief geschnittenem Lackdekor diente zur Aufbewahrung von Pinsel, Tusche und Reibstein. Grundstoff des Lacks ist der Saft des Lackbaumes. Beim Schnitzlack werden zahlreiche hauchdünne Lackschichten übereinandergelegt, diese erwärmt und der Dekor eingeschnitten. Die meisten der im Kunsthandel vorkommenden Lackarbeiten stammen aus dem 18. und 19. Jahrhundert.

Der – vor allem japanische – Farbholzschnitt hatte mit seiner Stilisierung der Darstellung und den teilweise gewagten Bildausschnitten immensen Einfluß auf die europäische Kunst gegen Ende des 19. Jahrhunderts. Er wird von mehreren Platten – zuerst den Farbplatten, dann der schwarzen Grundplatte – gedruckt.

Fayence

Gebrannte Tonwaren, die mit einer weißen, undurchsichtigen Zinnoxidglasur bedeckt sind, werden als Fayencen – nach der nahe bei Bologna gelegenen Stadt Faenza – bezeichnet. Im Gegensatz zu Porzellan ist dieser keramische Werkstoff porös, weshalb er zusätzlich mit einer Zinnglasur überzogen werden muß.

Fayencen wurden bereits im fünften Jahrhundert n. Chr. in Persien hergestellt. Über Spanien und Mallorca (daher der Begriff »Majolika« für italienische Fayencen) gelangte diese Technik nach Italien, wo u.a. in Faenza, Urbino und Gubbio bedeutende Herstellungszentren entstanden.

Berühmt sind die Delfter Fayencen, die sich vor allem im 17. und 18. Jahrhundert um die Nachahmung des chinesischen Blauweiß-Porzellans bemühten. Während des Barock entstanden auch im deutschsprachigen Raum zahlreiche Manufakturen. Die wichtigsten befanden sich in Ansbach, Crailsheim, Schrezheim und Straßburg sowie in Thüringen.

Gegen Ende des 18. Jahrhunderts konnten Fayencen nicht mehr gegen das nun schon relativ preiswert und in großen Mengen produzierte europäische Porzellan konkurrieren. Daher stellten damals die meisten Manufakturen ihren Betrieb ein.

Bemalung

Drei Methoden der Bemalung von Fayencen waren gebräuchlich: mit Scharffeuer- und Muffelfarben sowie Kaltbemalung.

Am häufigsten fand die Scharffeuerbemalung Verwendung. Dabei werden die Farben auf die getrocknete, aber noch ungebrannte Glasur aufgetragen und beim anschließenden Glattbrand eingebrannt. Dem Vorteil der größeren Haltbarkeit steht jedoch die begrenzte Farbpalette entgegen. Denn nur wenige Farben – Mangan, Kobaltblau, Grün, Eisenrot und Schwarz – vertragen diese hohen Brenntemperaturen.

Muffelfarben werden dagegen erst auf die gebrannte Glasur aufgetragen und dann bei niedrigeren Temperaturen eingebrannt. Die Auswahlmöglichkeit der Farben ist dabei erheblich größer. Ihr Name rührt von den Muffeln genannten Schamottekapseln her, in denen die zu brennenden Stücke vor zu hohen Temperaturen und Rußteilchen geschützt werden.

Die Kaltmalerei wird zwar ebenfalls auf die gebrannte Glasur aufgetragen, dann allerdings nicht mehr eingebrannt. Daher ist diese Bemalung äußerst empfindlich und häufig nur stark berieben erhalten. Dafür ist die Verwendung einer ausgesprochen breiten Palette von Farben sowie von Gold möglich.

Preisbestimmende Faktoren:

- Schönheit und Originalität der Bemalung.
- Alter und regionale Typen.
- Vorzügliche Erhaltung.
- Modebedingte Geschmacksschwankungen.

Fayence

28 Enghalskrug

Frankfurt/Main, um 1700.
Fayence mit Scharffeuerbemalung.
Zinnmontierung.
H. 28 cm
6.000,– bis 10.000,–

Wie beim Porzellan in seinen Anfangsjahren, ging es auch bei der Fayence häufig um die Nachahmung von chinesischem Blauweiß-Porzellan. Anschaulich zeigt der links abgebildete Enghalskrug dieses Bemühen nicht nur in der Farbigkeit, sondern auch in der chinesisch anmutenden Darstellung.

Charakteristisches Merkmal Hanauer Fayencen ist der türkis- oder kleisterblaue Grund, wie ihn der rechts abgebildete, sehr schön und harmonisch geformte, mit Weintrauben gleichmäßig geschmückte Krug zeigt.

29 Birnkrug

Hanau, Mitte 18. Jh., Zinndeckel:
Würzburg, Marke von
F. C. Schmidt d. Ä.
Fayence, türkisblau glasiert, mit Weintrauben in Scharffeuerbemalung, schräg gerippte Wandung.
Zinnmontierung.
H. 21 cm
4.000,– bis 5.000,–

Fayence

30 Walzenkrug

Flörsheim, 1769, Signatur des Fayencemalers Nicolaus Diel, Marke des originalen Zinndeckels: Köln, MZ: M. H. Fayence mit Scharffeuerbemalung. Zinnmontierung.
H. 19,5 cm
15.000,– bis 17.000,–
*
Signatur und Marke wirken stark wertsteigernd.

Der linke Walzenkrug weist eine Scharffeuerbemalung auf, der rechte Muffelmalerei. Der filigran und zugleich dennoch schwungvoll handschriftlich bemalte Krug aus Flörsheim läßt sich aufgrund der überdeutlichen Signatur klar lokalisieren und ist zusätzlich datiert. Das erhöht den Wert eines solchen Stücks natürlich beträchtlich, da sich gerade bei Fayencen ein heimatverbundenes, regional betriebenes Sammeln anbietet und häufig zu beobachten ist. Gegenüber dem Crailsheimer Krug ist die Farbpalette eindeutig auf wenige, eher stumpfe Farbtöne beschränkt. Solche bunten malerischen Effekte waren nur in der – dafür allerdings weniger haltbaren – Muffelmalerei möglich.

31 Walzenkrug

Crailsheim, um 1780.
Fayence mit Muffelmalerei.
Zinnmontierung.
H. 25 cm
5.000,– bis 8.000,–
*
Sehr schöne Montierung.

Fayence

32 Blattschale

Proskau, 1770/1783.
Fayence mit Muffelmalerei.
D. 20 cm
3.000,– bis 4.000,–

Proskauer Fayencen sind immer mit Muffelfarben bemalt. Ähnlich wie der Enghalskrug von Abb. Nr. 28 zeigt auch die zierlich geformte Blattschale das Bemühen der Fayence, sich mit dem inzwischen fest etablierten Porzellan zu messen. Wegen des dickeren Scherbens fällt der Gesamteindruck allerdings immer etwas gröber und wulstiger aus. Die Glasur ist auch weniger hart und, wie am Blattstengel deutlich zu erkennen, weniger haltbar.

Gegenüber der malerischen und aquarellhaften Landschaftsdarstellung zeigt der tanzende Musikant einen eher graphischen, von Holzschnitten inspirierten Charakter, wobei die lockere Handschrift der Bemalung der Figur zusätzlichen Schwung verleiht.

33 Musikantenkrug

Proskau, um 1800.
Fayence mit Muffelmalerei.
Zinnmontierung.
H. 25 cm
8.000,– bis 12.000,–

Gemälde

Der Markt für Gemälde von der Frühzeit bis zum Beginn der Moderne am Anfang unseres Jahrhunderts gliedert sich in mehrere, höchst unterschiedlich zu bewertende Bereiche.

Altmeister: teuer

Im Angebot der sogenannten Altmeister gibt es grundsätzlich alles: angefangen von den frühen italienischen Holztafeln aus dem 13. Jahrhundert über die Werke der italienischen Renaissance, der nordischen Spätgotik, dem internationalen Manierismus, dem wieder mehr nationalstaatlich ausgerichteten Barock, bis hin zu den neckischen Frivolitäten des französisch dominierten Rokoko und den sachlichen Porträts der Engländer.

Allerdings führen hier die drastischen Mißverhältnisse von Angebot und Nachfrage zu einem sehr differenzierten und für den Laien oft überraschenden Preisgefüge.

Grundsätzlich gilt: Bilder, wie wir sie aus Museen kennen – etwa von Dürer, Tizian oder Rembrandt –, tauchen kaum mehr auf dem Kunstmarkt auf, und wenn doch, erzielen sie Preise im sieben-, acht- oder neunstelligen Dollarbereich.

Altmeister: billig

Demgegenüber sprechen Fachleute von einer – angeblich durch die mangelnde historische Ausbildung der jüngeren Generation noch forcierten – Unterbewertung vieler weniger bekannten und anonymen Werke.

19. Jahrhundert

Unter diesen Problemen hat jedoch die Malerei des 19. Jahrhunderts weit weniger zu leiden. Der Markt mit Gemälden dieser Zeit weist drei große Pluspunkte auf:

Erstens wurde in dieser Zeit statt für fürstliche oder kirchliche Auftraggeber überwiegend für einen breiten Markt und die Bedürfnisse eines bürgerlichen bis kleinbürgerlichen Geschmacks produziert.

Zweitens spricht das Sentiment dieser Zeit, ihr Humor und ihr Weltverständnis, heute immer noch Herz und Gefühl breiter Käuferschichten an. Auch wir können noch über die kleinen Geschichten, die Spitzweg uns erzählt, schmunzeln oder finden die süßen Kätzchen einzelner Spezialmaler unwiderstehlich.

Drittens profitiert dieser Markt zusätzlich von einer breiten Käufergruppe, die vor den puristischen Exzessen der modernen Malerei in die als idyllisch empfundene Welt des 19. Jahrhunderts flüchtet. Dieses Jahrhundert ist zwar zeitlich weit genug entfernt, um idealisiert zu werden, andererseits aber doch nicht so fremd wie die Bilder des Barock, der Renaissance oder gar der Gotik, die eine Welt widerspiegeln, die der unseren doch weitgehend entrückt ist.

Expertisen

Weniger Fälschungen als falsche Zuschreibungen sind bei Gemälden an der Tagesordnung, teils aus Absicht, teils aus Unkenntnis. Wo überproportionale Preise erzielt werden können, ist natürlich die Versuchung zur Manipulation und Täuschung beträchtlich. Gerade bei teuren Bildern ist es daher geraten, genau zu prüfen, was man da zu kaufen gedenkt. Häufig genug besteht nämlich zwischen dem Originalbild eines hochgeschätzten Malers und einem für den Laien sehr ähnlich wirkenden Gemälde eines anderen Malers ein immenser Preisunterschied. Viele Bilder waren ursprünglich nicht signiert. Dieser Mangel wurde später – sei es mit richtigen oder falschen Zuschreibungen – »behoben«.

Die mehr oder weniger sichere Zuschreibung stellt ein ganz entscheidendes Kriterium für die Preisbewertung dar. Daher hat sich wegen der verständlichen Unsicherheit in einem selbst für Fachleute unübersichtlichen Markt gerade bei Gemälden ein ausuferndes Expertisenwesen etabliert, das jedoch häufig den nicht gerechtfertigten Eindruck wissenschaftlicher Unangreifbarkeit suggeriert (siehe dazu auch S. 22).

Preisbestimmende Faktoren:

- Der »richtige« Künstlername: Es ist für den Marktpreis sehr wichtig, ob der »Mann mit dem Goldhelm« von Rembrandt stammt oder von einem Zeitgenossen.
- Überhaupt erhöht die Zuordnung zu einem bestimmten Künstlernamen – sei er bedeutend oder nicht – immer den Preis. Daher sind anonyme Bilder vergleichsweise günstig.
- Sujet: Eine »Kreuzigung Christi« oder ein Stilleben mit einem Totenschädel sind meist weniger begehrt als Blumensträuße, süße Kinder oder spielende Hunde.
- Künstlerische Qualität.
- Erhaltungszustand.
- Format: je größer, desto teurer.
- Gesicherte Provenienz, möglichst aus einer berühmten Sammlung.

Gemälde

34 Lucas Cranach d. Ä. (1472–1553)

»Die Madonna mit den Erdbeeren«.
Öl auf Holz.
H. 49 cm, B. 34 cm
350.000,– bis 400.000,–

*

Spitzenpreis bei den deutschen Auktionen 1995 im Bereich der Alten Meister: 366.000,–.

Zur Zeit der italienischen Hochrenaissance und Albrecht Dürers repräsentierte Lucas Cranach eine handwerklich und künstlerisch hochstehende, stilistisch aber retardierte gotische Volkstümlichkeit. Gegenüber dieser liebreizenden Naivität repräsentiert der venezianische Rokokomaler Pittoni den akademisch versierten, europäischen Standard einer Zeit, in der dramatische Verkürzungen ebenso zum Repertoire gehörten wie virtuos gemalte Beleuchtungseffekte.

Wie die beiden Gemälde anschaulich illustrieren, können Altmeister zwar hohe Preisgrenzen durchbrechen (wie im Beispiel des Cranach), gleichzeitig auch noch relativ preiswert zu erwerben sein. Gemälde aus der Zeit vor 1800 sind nur dann sehr teuer, wenn sie von einem berühmten Künstler stammen und Museumsqualität aufweisen, was bei dem Cranach zweifelsfrei zutrifft.

35 Giovanni Battista Pittoni (1681–1767)

»Madonna mit Kind«.
Öl auf Leinwand.
H. 46,5 cm, B. 38 cm
30.000,– bis 50.000,–

*

Weniger bedeutende Gemälde berühmter Maler gibt es hin und wieder schon für unter 10.000,–.

Gemälde

36 Carl Spitzweg (1808 – 1885)

»Ein ungebetener Gast«.
Öl auf Holz.
H. 22 cm, B. 38,5 cm
800.000,– bis 1.200.000,–

*

Kleine Arbeiten von Spitzweg – etwa auf Papier – sind bereits für unter 10.000,– zu bekommen.

37 Eduard Grützner (1846 – 1925)

»Trinkt Brüder mit vergnügtem Muth – ein reicher Herbst macht alles gut …«, signiert und (18)93 datiert.
100.000,– bis 150.000,–

Die beiden Titanen des deutschen Kunstmarktes im Bereich des 19. Jahrhunderts und Vertreter der Münchner Schule sind Musterbeispiele thematisierter Triebsublimation: Bei Grützner veranstalten zölibatär lebende Mönche Trinkgelage. Bei Spitzweg werden einsiedlerische Männer von lockenden Vögeln »belästigt«. Spitzweg ist der vielleicht populärste deutsche Maler überhaupt: auf unzähligen Kalenderblättern verewigt, auf Kissen gestickt und als Postkartengruß verschickt. Trotzdem ist sein Renommee national begrenzt, so daß seine Bilder zwar durchaus beachtliche Preise erzielen, aber eben nur selten Millionenbeträge. Darüber hinaus sind seine Bilder grundsätzlich eher klein und letztendlich sehr zahlreich. Außerdem verunsichert generell eine große Zahl zeitgenössischer Nachahmer den Markt.

38 Anna Peters (1843–1926)

»Fliederzweige«, signiert.
Öl auf Leinwand.
H. 64 cm, B. 81 cm
20.000,– bis 40.000,–

39 Julius Adam (1852–1913)

»Katzenfamilie«, signiert.
Öl auf Leinwand.
H. 23 cm, B. 35 cm
70.000,– bis 80.000,–
*
Je nach Größe und »Liebreiz« des Motivs kosten Julius Adams Katzenbilder ab 30.000,– aufwärts.

Sowohl Blumenbilder als auch die Darstellung putziger junger Katzen kommen aus verständlichen Gründen auch beim heutigen Publikum noch gut an. Die virtuosesten unter diesen Malern haben sich auf ganz bestimmte Sujets spezialisiert. So finden wir von Anna Peters häufig duftig gemalte Blumenarrangements, wie sich überhaupt im Bereich des Blumenstillebens sowie der Porträtmalerei zahlreiche Malerinnen finden. Als Schöpfer süßer Kätzchen in immer wieder neuen Kompositionen – eine unwiderstehlicher als die andere – machte sich der Maler Julius Adam einen Namen. Sowohl Peters als auch Adam finden sich in kaum einer kunstgeschichtlichen Abhandlung und gehören doch zu den festen Größen des Kunstmarktes.

Gemälde

40 Heinrich Bürkel (1802 – 1869)

»Oberbayerischer Gebirgssee«, signiert.
Öl auf Holz.
H. 26 cm, B. 38 cm
70.000,– bis 90.000,–

41 Joseph Wopfner (1843 – 1927)

»Fischer am Chiemsee«, signiert, wohl um 1875 entstanden.
Öl auf Holz.
H. 23,5 cm, B. 46,5 cm
90.000,– bis 130.000,–

Heinrich Bürkel und Joseph Wopfner sind beides Maler, die dem landläufigen Ideal der Wiedererkennbarkeit besonders entsprechen und deren gediegen handwerkliche Durchbildung ihrer Gemälde gerühmt wird. Solch stimmungsvolle und gut gemachte Landschaftsgemälde sind ausgesprochene Renner auf dem Kunstmarkt.

Dabei zeigt sich der 1802 geborene Bürkel (oben) noch durchweg im stilistischen Einflußbereich der Spätromantik. Er war bereits zu seiner Zeit ein ausgesprochener Kunstmarktliebling, der einzelne seiner erfolgreichen Bilder bis zu zehn Mal wiederholen mußte.

Dagegen erweist sich der fast ein halbes Jahrhundert später geborene Wopfner (unten) bereits mit den naturalistischen und stärker realistisch ausgerichteten Stiltendenzen seiner Zeit vertraut.

42 Heinrich von Zügel (1850–1941)

»Heidschnuckenherde zieht«.
Öl auf Leinwand.
H. 45 cm, B. 66 cm
60.000,– bis 90.000,–

*

Bilder von Zügel – vor allem, wenn die Schafe noch realistischer und »wolliger« dargestellt sind als hier – können leicht die 100.000-Mark-Hürde überspringen.

43 Alexander Koester (1864–1932)

»Zehn Enten im Schilf«, signiert.
Öl auf Leinwand.
H. 58,5 cm, B. 96,5 cm
120.000,– bis 150.000,–

*

Je mehr Enten, desto teurer.

Beide Maler sind besonders berühmt für eine sehr spezialisierte Auswahl ihrer Themen. Bilder vom »Entenmaler« Koester und »Schafe- und Kühemaler« Zügel sind daher auch von Laien relativ leicht zu erkennen und gehören bereits seit vielen Jahren zum Standardrepertoire im Handel und bei Auktionen.

Was die Preisbewertung ihrer Bilder betrifft, haben beide Künstler in den letzten Jahren eine bemerkenswerte Entwicklung durchlaufen. Aufgrund der Aktivitäten weniger Sammler stiegen die Preise für ihre Bilder innerhalb weniger Jahre auf das etwa Zehnfache. 300.000 bis 400.000 DM waren plötzlich keine Seltenheit mehr für ein paar anmutig gemalte, im Teich plantschende Koester-Enten. Doch kaum hatten wenige Hauptsammler ihre Käufe eingestellt, gingen die Preise schlagartig zurück. Daher sollte sich jeder Käufer gut überlegen, wie weit er bei einem vielleicht nur kurzfristigen Sammeltrend preislich mithalten möchte.

Glas

Glas ist ein ebenso schönes wie anspruchsvolles Sammelgebiet. Die kleinen Kostbarkeiten sind sehr empfindlich und erfordern einen sorgfältigen Umgang. Abgesehen davon, daß sie keine Stöße und Stürze vertragen, reiben sich z. B. Vergoldungen sehr leicht ab. Die meisten alten Gläser sind zum Benutzen viel zu schade und sollten daher in Vitrinen geschützt aufbewahrt werden.

Kristallglas und Bleikristall

Glas besteht aus Kieselsäure und Alkalien. Kieselsäure liefert üblicherweise der Quarzsand, Alkali meist die Holzasche.

Erst im 15. Jahrhundert gelang es den Venezianern, Glas zu entfärben, und zwar mit Hilfe von Mangan. Daraus entstand das vollkommen farblose und klare Kristallglas.

Bleiglas oder Bleikristall entsteht durch den Zusatz von Bleioxid. Sein Vorteil liegt in einer wesentlich höheren Lichtbrechung, was Bleikristall vor allem für die Verzierung mit Glasschnitt und -schliff geeignet macht. Nachteil ist die relative Weichheit des Materials, die es anfällig für Kratzer und Beschädigungen sein läßt.

Hüttengeheimnis

Nachdem bereits im dritten Jahrtausend v. Chr. in Ägypten Glas hergestellt und in der Antike auf sehr hohem Niveau produziert wurde, geriet dieses Wissen später fast in Vergessenheit. Während des Mittelalters wurde fast ausschließlich einfaches Gebrauchsglas gefertigt. Erst nach und nach gelang es, die verschiedenen Methoden der Herstellung und Einfärbung von Glas und seiner Verzierung wieder zu verbessern.

Neben der Qualität der verwendeten Rohstoffe und den handwerklichen Fertigkeiten waren vor allem die richtigen Rezepturen streng gehütete Geheimnisse der Glashütten.

So wurden die venezianischen Glasbläser nicht nur aus Sicherheitsgründen – wegen der Brandgefahr – auf die Insel Murano verbannt, sondern auch, um sie vor neugierigen Konkurrenten abzuschirmen.

»Ein Glasbläser, wenn er zum Schaden der Republik eine Fertigkeit in ein anderes Land bringt, soll aufgefordert werden, heimzukehren; weigert er sich, sollen seine nächsten Verwandten ins Gefängnis geworfen werden, damit sein Familiensinn ihn zur Rückkehr bewege; verharrt er in seinem Ungehorsam, sind heimliche Maßnahmen zu ergreifen, um ihn, wo immer er sich aufhält, aus dem Weg zu räumen.« (Aus einer Verordnung des Glasbläser-Rates, Venedig 1454, zit. nach Sabine Lutzeier).

Wichtig für Sammler

Vor allem im Bereich des Jugendstil-, Art déco- und modernen Glases kommt es vermehrt zu Neuauflagen alter Gläser. Bedeutende Firmen wie Lalique produzieren bestimmte Klassiker bis heute. Auch Original-Klebeetiketten, wie sie beispielsweise die modernen Gläser aus Murano aufweisen, wurden lange Zeit verwendet.

Die regelrechte Fälschung lohnt sich nur bei gewissen, technisch nicht gar zu ausgefallenen oder aber extrem teuren Gläsern. Meist kann man sie mit etwas Erfahrung an Material, Verarbeitung und Oberflächenbeschaffenheit identifizieren.

Daneben gibt es jedoch die Veränderung oder das Anbringen ursprünglich nicht vorhandener Signaturen. Authentische Signaturen stellen im Bereich der Glaskunst wichtige Hinweise auf Hersteller, Herstellungsort und Herstellungszeit dar und haben daher bei Sammlern einen kaum zu überschätzenden Einfluß auf die Preisbewertung.

Bei altem Glas ist die Gefahr von Fälschungen eher gering. Weit häufiger werden Gläser einfach falsch datiert. Vor allem in der zweiten Hälfte des 19. Jahrhunderts wurden während des Historismus nach alten Vorbildern Gläser produziert, und zwar nicht in betrügerischer Absicht, sondern ganz einfach, weil man den alten Stil als vorbildlich erachtete. Bei Silber, Zinn und Steinzeug ist dies ebenfalls häufig zu beobachten.

Glas ist leider leicht zu beschädigen. Hier gilt, daß auch relativ kleine Sprünge und Absplitterungen – Chips genannt – zu erheblichen Preiseinbußen führen. Achten Sie deshalb vor dem Kauf sehr sorgfältig auf eventuelle Restaurierungen, Ab- und Ausschleifungen von Beschädigungen und Sprünge.

Übrigens: Eine falsch angebrachte Signatur ist als Beschädigung anzusehen!

Preisbestimmende Faktoren:

- Künstlerische und ästhetische Qualität.
- Seltenheit.
- Signatur.
- Erhaltungszustand.
- Entstehungszeit.

44 Becher

Böhmen/Deutschland, um 1630/40. Farbloses, leicht rauchfarbenes Glas. Im oberen Teil Waldlandschaft in Tiefschnitt, im unteren Teil Mattschnitt. Böhmische Granate und gelbe Edelsteine aus Paste.
H. 10,2 cm
35.000,– bis 40.000,–

*

Die Qualität des Glases und des Glasschnitts bedingen den Preis.

Beide Gläser sind mit einem in die Oberfläche eingeschnittenen Dekor verziert, der mit Hilfe verschieden großer, rotierender Kupferrädchen ausgeführt wurde. Voraussetzung für den Glasschnitt sind genügend dickwandige Gläser, die erst seit dem 16. Jahrhundert zur Verfügung standen. Das früheste mit Glasschnitt verzierte Glas soll von etwa 1590 stammen.

Die geschnittenen Flächen und Facetten sind matt. Häufig werden sie aus gestalterischen Gründen als kontrastierender Mattschnitt so belassen. Mit Hilfe rotierender Scheiben aus Blei, Holz oder Leder lassen sie sich aber auch zum Blankschnitt polieren (rechte Abb.).

45 Fußbecher

Schlesien, Hirschberger Tal, um 1740. Lichtmanganfarbenes Glas. Matt- und Blankschnitt mit hl. Felicitas.
H. 9,2 cm
7.000,– bis 12.000,–

Glas

46 Schnapsglas, Allianzpokal und Spitzkelch

Lauenstein, 18. Jh.
Farbloses und blaugrünes (Schnapsglas) Glas. Eingestochene Luftblasen.
H. 11,5 cm/17 cm/17,5 cm
Je 2.500,– bis 8.000,–

Goldrubinglas (Abb. rechts) wurde ursprünglich entwickelt, um den begehrten Edelstein Rubin in Glas nachzuahmen. Zwar war das Einfärben des Glasflusses bekannt, doch ein richtig tiefes, sattes Rot brachte man lange Zeit nicht zustande. Den künstlichen Rubin erfunden hat wohl erst der Hamburger Arzt Dr. Andreas Cassius im 17. Jahrhundert. Er stellte ihn mit Hilfe einer verdünnten Goldsalzlösung her: Kühlt das Glas ab, bleibt es zunächst farblos. Erst erneutes Erwärmen bewirkt die Rubinfärbung.

Größere Mengen von Goldrubinglas produzierte allerdings erst der Glasmacher Johann Kunckel im letzten Viertel des 17. Jahrhunderts im Auftrag des Großen Kurfürsten Friedrich Wilhelm I. von Preußen (zuerst war Kunckel – wie so viele seiner Zeit – mit der Herstellung von Gold beauftragt gewesen: allerdings ohne Erfolg ...).

47 Zwei Koppchen mit Untertasse und ein Deckelpokal

Süddeutsch, Nürnberg, Ende 17. Jh. sowie Dresden/Böhmen, um 1710 (Deckelpokal).
Durchscheinendes, in der Masse gefärbtes Goldrubinglas. Koppchen und Teller mit mattgeschnittener Rosette. Im Knauf des Pokaldeckels weiße Fäden.
H. 4,5 cm/26 cm
Je 5.000,– bis 10.000,–

48 Kothgasser-Becher

Wien, Werkstatt Anton Kothgasser, Jakob Schufried (Bemalung), um 1827. Farbloses, partiell silbergelb gebeiztes Glas mit bunter Transparentemailmalerei. Bodenschliffstern, Ranft mit vergoldeten Schliffkonturen. Im Goldblättchenrahmen »Das Königl. Bibliothek Gebäude zu Berlin«.
H. 12,1 cm
20.000,– bis 35.000,–

*

Unter den Biedermeiergläsern gehören die Becher von Kothgasser und seiner Werkstatt zu den beliebtesten und erzielen höchste Preise.

Anton Kothgasser (1769–1851) war der führende österreichische Glasmaler des Biedermeier und hatte ursprünglich als Porzellanmaler gearbeitet. Charakteristisch für ihn und seine Werkstatt sind die mit Emailfarben bemalten sogenannten Kothgasser-Becher. Der hier links abgebildete, für die Zeit sehr typische Ranftbecher zeichnet sich durch seine leicht geschwungene Form und die wulstartig – als »Ranft« – gebildete Standfläche aus.

Rechts ein Glas aus Steinschönau in Böhmen, das sich im 19. und 20. Jahrhundert als Zentrum innovativer Glaskunst etablierte. Beim Lithophanieschliff entfaltet sich die Schönheit der Darstellung vor allem dann, wenn man das Glas gegen das Licht hält.

49 Becher

Steinschönau, Karl Pfohl, um 1855. Farbloses Glas mit Kupferrubinüberfang. Bodenschliffstern. Springendes Pferd im Lithophanieschnitt. Rückseitig Verkleinerungslinse.
H. 11,3 cm
15.000,– bis 30.000,–

Glas

50 Vase

Nancy, Daum, 1896/99.
Glas.
H. 30,5 cm
28.000,– bis 35.000,–

*

Daum-Vasen gehören zu den Highlights des Jugenstilglases und erzielen entsprechende Preise.

Jugendstilglas stellt eine feste Größe des Kunsthandels dar. Und das durchaus zurecht, wurden doch in den Jahren um 1900 die Formen und Techniken des Glases immens erweitert. Hier traf der Stil auf ein Material, das nur darauf gewartet zu haben schien, sich aus geometrischer Erstarrung zu lösen und im weichem Fließen einer neuen Dynamik und Farbigkeit auszutoben.

Neben böhmischen Glashütten waren es vor allem die Glaskünstler wie Daum und Gallé im französischen Nancy sowie Tiffany in New York, die die ästhetischen Möglichkeiten des Glases zu bislang nie gesehenen Extremen trieben.

51 Vase

Nancy, Gallé, um 1925.
Glas.
H. 30 cm
14.000,– bis 18.000,–

*

Derartige Glasobjekte wurden teilweise noch bis 1930 in Jugendstilformen hergestellt.

Glas

52 Tulpengläser

Schweden, Nils Landberg (Entwurf), Orrefors (Ausführung), um 1954.
Farbloses Glas mit dünnem roten, grünen oder blauen Unterfang.
H. 46 cm/39,5 cm/42,5 cm
Je 1.500,– bis 2.000,–

*

Ein Klassiker skandinavischer Glaskunst.

Während im Jugendstil und Art déco vor allem Frankreich führend in der Herstellung innovativer Gläser war, rückten nach dem Zweiten Weltkrieg Italien und Skandinavien an die vorderste Stelle.

Charakteristisch für den skandinavischen Stil ist die funktionale und schlichte Formgebung sowie der sparsame Umgang mit Dekoren. Die berühmten »Tulpengläser« von Orrefors, der bedeutendsten Glasmanufaktur Schwedens, verkörpern diese Prinzipien in Vollendung. Aber auch vom technischen Standpunkt her handelt es sich um Meisterwerke: Kelch und Stiel der Gläser sind aus einem einzigen Glasklumpen (»Glasposten« nennt den der Fachmann) in die endgültige Form geblasen. Nach dem Erkalten wurden sie mit einer farbigen Glasschicht unterfangen.

53 Vase

Italien, Fulvio Bianconi (Entwurf), Venini, Murano (Ausführung), um 1951.
»Vetro pezzato«. Leicht braun getöntes, rotes, grünes und blaues Glas, zusammengeschmolzen. Dreieckiger Wandungsquerschnitt.
H. 21,5 cm
20.000,– bis 30.000,–

*

Die Preise für italienisches Glas der 50er und 60er Jahre sind in den letzten Jahren sehr stark gestiegen.

Glas

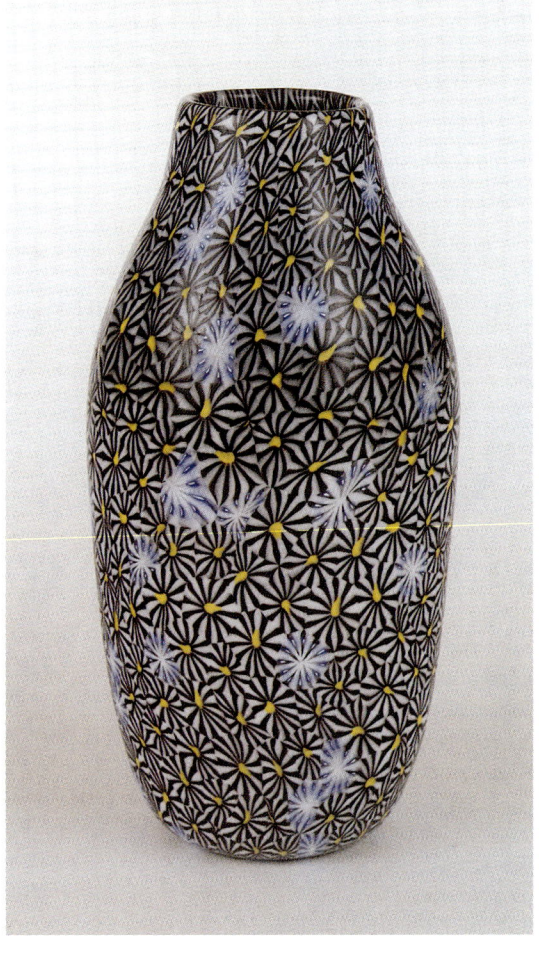

55 Vase »Murrine Kiku«

Italien, Ermanno Toso (Entwurf), Fratelli Toso, Murano (Ausführung), um 1960. Farbloses Glas mit mosaikartig eingewalzten »murrine« aus violettem, weißem, gelbem und blauem Glas.
H. 24 cm
20.000,– bis 30.000,–

54 Vasen

Italien, COVEM (Cooperativa Vetrai Muranesi), um 1958.
Farbloses Glas mit verschiedenfarbigem Unterfang. Seitlich bandartige Aufschmelzungen.
H. 48 cm/47 cm/41 cm
Je 300,– bis 1.000,–

✳

Relativ preisgünstig sind solche Glasobjekte mit »Souvenir-Appeal«.

Venezianisches Glas hatte immer einen guten Namen besessen und zeitweise die führende Rolle in der Glaskunst gespielt. Einen wirklichen Aufschwung nahm die Insel Murano aber erst wieder, als in den ersten Jahrzehnten unseres Jahrhunderts neue Manufakturen gegründet wurden. Die vielleicht bedeutendste ist Venini (Abb. Nr. 53 auf der vorigen Seite), wo während der 40er und 50er Jahre sowohl künstlerisch als auch technisch äußerst wagemutig und innovativ gearbeitet wurde. Beim »vetro pezzato« wird der Dekor wie bei einer Flickendecke aus zahlreichen Teilen zusammengesetzt. Die Gläser der linken Abbildung sind dagegen eher einfach, aber sehr typisch für die Zeit. Viele wurden damals als Souvenirs erworben.

Berühmt für ihre mit »murrine« (eigentlich Millefioris, siehe folgende Seite) verzierten Kiku-Vasen (kiku = japan. Chrysanthemen) ist die Manufaktur der Fratelli Toso (Abb. rechts).

56 Briefbeschwerer

Baccarat, Saint Louis (obere Reihe Mitte, zweite Reihe rechts) und Böhmen (rechts unten), Mitte 19. Jh.
Glas, u. a. mit buntem Millefiori.
Je 1.500,– bis 8.000,–

*

Für besonders prächtige Exemplare aus dem 19. Jahrhundert werden bis zu einer halben Million Mark bezahlt!

Sehr beliebt bei Sammlern sind die Paperweights genannten Briefbeschwerer, die meist aus Frankreich, einige auch aus Murano oder Böhmen, stammen.

Charakteristisch für Paperweights ist der sogenannte Millefiori-Dekor, der aus mosaikartig gemusterten, farbigen Glasstäbchen besteht. Für die Herstellung dieser Glasstäbchen wurden unendliche Farbnuancen ausgezogen, überfangen, kombiniert, wieder ausgezogen, gedreht usw. Diese an sich schon bunten und komplexen Stangen können dann wieder kombiniert und neu gebündelt werden.

Wer sich ein Paperweight einmal daraufhin anschaut, wird deutliche Unterschiede zwischen einerseits unglaublich differenzierten und andererseit extrem simplen Millefioris entdecken. Der Aufwand und die Kompliziertheit der verwendeten Millefioris ist mit ein Grund für die teilweise gigantisch hohe Preisbewertung mancher Exemplare.

Daneben sind Paperweights aber auch mit aus Glas geformten Blüten, Tieren und Porträts (oft in der Art von Kameen) versehen.

Das Geheimnis, warum die kunstvoll gestalteten Dekore nicht einfach zerfließen, wenn sie in die Kristallkugeln eingeschmolzen werden, liegt ganz einfach in der Wahl unterschiedlicher Schmelzpunkte der einzelnen Glasarten.

Graphik

Bei der hier ausgewählten dekorativen Druckgraphik handelt es sich vereinfacht gesagt um Blätter, die nicht als Kunstwerke um ihrer selbst willen entstanden – also um ausgesprochene Künstlergraphik –, sondern ihres illustrativen Inhalts wegen. Grundsätzlich gilt dabei, daß Entwerfer und ausführender Graphiker nicht unbedingt die gleiche Person sein müssen. Dies ist oft in einer eigenen sog. Legende überwiegend in Latein auf der Graphik selbst vermerkt: »Invenit« bzw. »inv.« bedeutet »hat erfunden«, »sculpsit« oder »sculp.« »hat graviert«. Nicht selten findet sich auf Graphiken auch ein sog. Privileg des jeweiligen Herrschers, eine Vorform unseres heutigen Copyrights.

Wer Graphiken kaufen und sammeln möchte, sollte sich unbedingt mit den wichtigsten Drucktechniken vertraut machen, was gar nicht so besonders schwierig ist. Jede Technik weist ganz bestimmte Merkmale auf, die sich meist direkt am Graphikblatt feststellen lassen. Nützliches Hilfsmittel ist dabei eine Lupe.

Holzschnitt

Der Holzschnitt ist die älteste und einfachste Hochdrucktechnik. Die Farbe steht auf den erhabenen Partien und wird auf das Papier nach dem Prinzip eines Kartoffeldrucks gedruckt. Die Linien fallen meist recht kräftig und derb aus. Schraffuren verlaufen überwiegend parallel.

Kupferstich

Der Kupferstich ist eine Tiefdrucktechnik, die bereits im 16. Jahrhundert auf höchstem Niveau Anwendung fand. Die Darstellung wird in eine Metallplatte – meist eine Kupferplatte – mit einem Stichel eingraviert. Die Farbe wird dann mit hohem Druck aus diesen Vertiefungen auf das angefeuchtete, saugfähige Papier gedruckt. Kennzeichen des Kupferstichs sind feine, »gestochen« scharfe Linien und subtile Schraffuren. Typisch ist auch ein An- und Abschwellen und ein spitzes Auslaufen der Linien. Durch den hohen Preßdruck entsteht ein charakteristischer Abdruck des Plattenrandes auf dem Druckpapier, der ein Merkmal des Tiefdrucks generell darstellt.

Stahlstich

Der Stahlstich ist eine Weiterentwicklung des Kupferstichs und charakteristisch für das 19. Jahrhundert.

Kupferstichplatten werden beim Drucken relativ schnell abgenützt, daher sind die Auflagenzahlen meist auf mehrere hundert bis maximal einige tausend Exemplare begrenzt. Beim Stahlstich lassen sich dagegen 20.000 bis 40.000 Abzüge pro Platte herstellen. Dazu wird eine Stahlplatte zum Bearbeiten durch Verglühen weich gemacht und vor dem Drucken wieder gehärtet. Allerdings funktioniert das nur bei relativ kleinen Platten.

Radierung und Aquatinta

Die schon zu Dürers Zeit um 1500 erfundene, aber erst im Barock in größerem Maßstab gepflegte Radierung ist wie der Kupferstich ein Tiefdruckverfahren. Jedoch werden die Linien hier nicht mit großer Anstrengung in die Druckplatte eingraviert, sondern mit Hilfe einer Säure eingeätzt. Dabei ist ein viel freieres und spontaneres Arbeiten möglich. Die Linien sind meist feiner und unregelmäßiger als beim Kupferstich und erinnern eher an Handzeichnungen. Außerdem laufen die Enden rund und nicht wie beim Kupferstich spitz aus. Beim Drucken entsteht ebenfalls der Abdruck des Plattenrandes.

Die 1768 von LePrince erfundene Aquatinta wird meist mit der Radierung kombiniert und ermöglicht das Drucken von Flächen und Halbtönen.

Lithographie

Die Lithographie ist ein Flachdruckverfahren, das 1798 von Alois Senefelder erfunden wurde und auf der Fettabstoßung feuchter Partien basiert. Es lassen sich damit sowohl Linien als auch Flächen drucken. Ein Plattenrand ist nicht zu erkennen, und es sind hohe Auflagen möglich. Bei der Farb- oder Chromolithographie werden mehrere Farbplatten übereinandergedruckt.

Preisbestimmende Faktoren:

- Künstlerische Bedeutung.
- Dokumentarische Bedeutung.
- Bei topographischen Ansichten spielt der Ort eine große Rolle: Eine Nürnberger Ansicht erzielt in Hannover sicherlich einen geringeren Preis als in Nürnberg selbst.
- Seltenheit.
- Erhaltungszustand: möglichst ohne Flecken, Risse und mit breitem Rand.
- Druckqualität und Farbfrische.
- Zeitgenössische Kolorierung: Viele Graphiken blieben zu ihrer Zeit unkoloriert und wurden erst nachträglich koloriert.

57 Tracht einer Schwangeren

Aus dem Trachtenbuch von H. Weigel und Jost Amman, Habitus praecipuorum populorum, Nürnberg 1577. Kolorierter Holzschnitt.
H. 28,5 cm, B. 18 cm
150,– bis 250,–

*

Der Preis für das abgebildete, schlecht erhaltene Blatt liegt nur um die 50,–. Das ganze Trachtenbuch mit gut 200 Illustrationen würde so um die 25.000,– bis 35.000,– kosten.

Eine wichtige Aufgabe der Druckgraphik stellte die Buchillustration dar. Die botanisch genauen Darstellungen der rechten Abbildung stammen aus einem alten Kräuterbuch. Der Holzschnitt links wurde dem berühmten Trachtenbuch des Jost Amman entnommen. Nach der damals üblichen Arbeitsteilung wurde der Holzschnitt von H. Weigel nach einer Zeichnung von Jost Amman geschnitten. Deutlich ist hier der schlechte Erhaltungszustand der Graphik zu erkennen, deren Risse und fehlende Partien jedoch sehr sorgfältig repariert und hinterlegt wurden.

Von vielen Kennern wird die Praxis des »Ausschlachtens« von Büchern, also ihr Zerlegen zur besseren Verkäuflichkeit, sehr ungern gesehen und ist auch im Sinne der authentischen Erhaltung sehr problematisch.

58 Chamaeiris latifolia

Vier verschiedene Darstellungen von kleinwüchsigen Schwertlilien. Aus: Hortus Eystettensis, hrsg. von B. Besler, gestochen von Wolfgang Kilian, Eichstätt und Nürnberg, 1613. Kolorierter Kupferstich.
H. 47,5 cm, B. 39,5 cm
800,– bis 1.300,–

*

Schöne botanische Blätter sind auch schon für unter 100,– zu bekommen.

Graphik

59 Pazifik

Maris Pacifici,
quod vulgo Mar del Zur, cum regionibus circumiacentibus … (mit Japan, den Philippinen, Neu-Guinea, Teilen von Australien und Amerika).
Abraham Ortelius, 1589
Zeitgenössisch kolorierter Kupferstich.
H. 34,5 cm, B. 49,6 cm
2.500,– bis 4.000,–

✻

Interessante topographische Blätter sind auch schon für wenige hundert Markt zu bekommen.

60 Afrika

Nova Africae tabula.
Jodocus Hondius d. Ä., um 1600.
Zeitgenössisch kolorierter Kupferstich.
H. 37,3 cm, B. 50,3 cm
1.500,– bis 3.000,–

Bei den frühen Landkarten verblüfft immer wieder die großartige Leistung, unsere Erde mit den damaligen technischen Mitteln so präzise zu erfassen. Zusätzlich mußte das Problem der Übersetzung der Kugelgestalt der Erde in die Form einer zweidimensionalen Darstellung erst einmal gelöst werden.

Ein entscheidender Schritt dahin stellte die sogenannte Merkatorprojektion dar, die der gleichnamige Kartograph 1569 zum ersten Mal angewandt hatte und bei der ein gebogenes Gradnetz über die Darstellung gelegt wird.

Sowohl der Antwerpener Kartograph Ortelius (obere Abb.) wie der Amsterdamer Verleger und Buchhändler Hondius (Abb. unten), der Druckplatten aus dem Nachlaß Merkators erworben hatte, verwenden bereits diese Art der Darstellung.

Man beachte die gerahmten Kartuschen mit dem typischen, illusionistisch aufgeworfenen Rollwerk des Manierismus.

Graphik

61 Himmelskarte

Planispaerium coeleste. Darstellung der nördlichen und südlichen Hemisphäre.
Wohl bei Seutter in Augsburg, um 1730.
Zeitgenössisch kolorierter Kupferstich.
H. 49 cm, B. 57 cm
2.000,– bis 3.000,–

Himmelskarten sind kartographische Darstellungen des gestirnten Himmels. Die Darstellung basiert auf den Hyothesen von Ptolemäus, Tycho Brahe und Kopernikus.

Während ein Großteil der Landkarten bislang in Amsterdam und Antwerpen erschienen war, verlagerte sich ab dem 18. Jahrhundert der Schwerpunkt der Produktion nach Frankreich und Deutschland. Hauptort wurde Nürnberg mit dem Verlag von Johann Baptist Homann (1664–1724). Sein größter Konkurrent wurde der Augsburger Matthäus Georg Seutter (1678–1757), dessen Verlag später von seinem Sohn und Schwiegersohn weitergeführt wurde.

62 Venedig

Blick vom Canale Grande auf S. Maria della Salute, die Piazzetta, den Dogenpalast, die Seufzerbrücke usw.
Mailand, l'Editore Tommaso Genevresi, G. Gariboldi disegnò, F. Citterio incise, um 1820.
Radierung mit Aquatinta und zeitgenössischem Kolorit.
H. 32,5 cm, B. 95 cm
3.000,– bis 4.000,–

*

Venedig spielte in der Geschichte der Vedute als eines der frühesten Touristikziele schon seit Jahrhunderten eine herausragende Rolle.

63 Bonn

Ansicht der Churkölnischen Residenz-Stadt Bonn.
Wien, bey Artaria Comp., gestochen von J. Ziegler, um 1780.
Umrißradierung mit zeitgenössischem Kolorit.
2.000,– bis 3.000,–

*

Ob die Beliebtheit von Bonn-Ansichten nach dem Umzug des Bundestages nach Berlin wohl nachlassen wird?

Städteansichten gehören zu den beliebtesten Themen der dekorativen Graphik, sind sie doch nicht nur von künstlerischem und ästhetischem, sondern vor allem auch von historischem Interesse. Die stark landschaftlich geprägte Ansicht von Bonn zeigt dabei den typisch freien Linienduktus der Radierung, während die kalligraphische Beschriftung die typisch an- und abschwellende Linienführung des Kupfer-

Graphik

Die Darstellung von Venedig (Abb. links) weist eher den Charakter eines Panoramas als den einer einfachen Stadtansicht auf. Sie zeigt eine Rundumansicht, die man nur im rund gebogenen Zustand »richtig« betrachten kann.

Panoramen waren im 19. Jahrhundert ausgesprochen beliebt. Es gab sie nicht vorzugsweise als Graphik, sondern vor allem auch als riesige Gemälde, die häufig auf »Tournee« gingen und gegen Eintrittsgeld vorgeführt wurden. Sie vermittelten den Besuchern das Gefühl, sich mitten in der Szenerie zu befinden. Besonders wichtig war dabei die topographisch richtige und alle Einzelheiten beachtende Darstellung.

64 Berlin

Schloß Babelsberg.
Gezeichnet und lithographiert von
X. Sandmann, gedruckt bei J. Rauh,
Verlag und Eigenthum von Otto Janke
in Potsdam, um 1850.
Kreidelithographie mit zeitgenössischem Kolorit.
H. 44 cm, B. 57 cm
4.000,– bis 5.000,–
*
Berlin-Ansichten dürften angesichts der zunehmenden Bedeutung als Bundeshauptstadt im Preis steigen.

stichs demonstriert, die durch das tiefere oder flachere Eindringen des V-förmigen Stichels erzielt wird. Im Gegensatz zum Kupferstich und zur Radierung ermöglichte die Kreidelithographie (Abb. Nr. 64) auch die Darstellung weicher Linien und duftiger Übergänge. Ein erheblicher Teil dieser Ansichten wurde im 19. Jahrhundert als Stahlstich gefertigt, der sehr hohe Auflagen ermöglichte.

Jugendstil

Nach all den mit der Zeit ermüdenden Stilnachahmungen zur Zeit des Historismus kam es gegen Ende des 19. Jahrhunderts mit dem Jugendstil zu einer vehementen Erneuerungsbewegung im Kunsthandwerk.

Während man in Deutschland den »Jugendstil« nach der 1896 in München gegründeten Zeitschrift »Jugend« nannte, wurde er in Österreich als »Stil der Wiener Sezession«, in Frankreich als »Art nouveau« und in Italien als »Stile Liberty« bezeichnet.

Grundlage des Jugendstil war ursprünglich die Ablehnung der industriellen Massenproduktion, der Wunsch nach einer Wiederbelebung der Handwerkskunst und des schöpferischen Gestaltens im Sinne eines organischen Gesamtkunstwerks.

Der Stil

Der Jugendstil trägt seinen Namen nicht zu Unrecht, war er doch Ausdruck einer gegen die dumpfe Selbstgerechtigkeit des Establishments der Gründerzeit rebellierenden Jugend. Wie viele revolutionäre Zeitgeistströmungen und heftig bewegte Moden verbrauchte er sich rasch, wobei das Ableben durch die starke Eigenwilligkeit des Stils, seine generelle Ablehnung klassischer Formen und die industrielle Massenfabrikation bis zum Überdruß beschleunigt wurde. Die weiblich-naturhaft-wellenlinig bewegte Formensprache überschwemmte wie eine Flut alle Gegenstände des täglichen Gebrauchs und das Graphikdesign. Abgelöst wurde der Jugendstil vom Art déco, das die weichen, dynamisch bewegten Formen ins Geometrische und Kristalline übersetzte.

Man unterscheidet zwischen der floralen, vom Organisch-Pflanzlichen ausgehenden Richtung, wie sie für Frankreich typisch ist (Abb. Nr. 65), der dynamisch-bewegten und doch abstrakten Variante, für die Belgien mit Henry van de Velde steht (Abb. Nr. 111) und der geometrisch-abstrakten Richtung (Abb. Nr. 66), die das österreichische Kunsthandwerk – und da vor allem die Wiener Werkstätte – auszeichnet. Für Deutschland ist eine oft sachlich reduzierte Mischform typisch.

Jugendstil im Kunsthandel

Etwa fünfzig Jahre lang galt der Jugendstil als Ausbund der Geschmacklosigkeit und stilisierten Verstiegenheit, bis er von einer neuen Jugendbewegung in den 60er Jahren wiederentdeckt und in Mode gebracht wurde. Im Antiquitätenhandel herrschte um diese Zeit regelrechte Goldgräberstimmung. Ganze Wagenladungen wurden aus Frankreich herangekarrt und buchstäblich von der Ladefläche herunter abverkauft. Nach den Trödlern stieg zunehmend auch der etablierte Handel ein, und die Preise für Spitzenstücke kletterten rasant in die Höhe.

Inzwischen ist der Markt abgegrast, die Euphorie verflogen, die treuen Sammler sind jedoch geblieben. Eine Größe für sich stellen die auch heute noch im Trend liegenden Erzeugnisse der Wiener Werkstätte dar, die sich durch ihren eher geometrisch-sachlichen Stil, der von dem Schotten Mackintosh angeregt wurde, auszeichnen. Darüber hinaus legte die Wiener Werkstätte auch großen Wert auf ausgezeichnete handwerkliche Verarbeitung, die von den heute wieder aufgelegten Reproduktionen nicht mehr erreicht werden kann. Ihre Produktpalette reicht von der Postkarte (siehe auch Abb. Nr. 140) bis zur Zimmereinrichtung, von der Blumenvase bis zur Porzellanfigur. (S. auch Abb. Nr. 50, 51, 109–111.)

Preisbestimmende Faktoren:

- Signierte oder sicher zugeschriebene Stücke werden deutlich höher bewertet als unsignierte.
- Künstlerische Qualität und ästhetische Anmutung.
- Handwerkliche Verarbeitung, aufwendige Technik (z. B. beim Glas).
- Moden.

Jugendstil

65 Notenständer

Paris, Alexandre Charpentier, um 1900.
Mahagoni, Lindenholz mit reliefiert geschnitzten Musikantinnen. Höhenverstellbare Notenblattablage.
H. 113,5 cm, B. 49 cm, T. 47 cm
30.000,– bis 50.000,–

*

Möbel von so ausgeprägt künstlerischer und handwerklicher Qualität bewegen sich preislich in hohen Regionen.

Der Jugendstil lehnte alle historisch überkommenen Stilformen ab und stützte sich neben abstrakt und ornamental fließenden Linienschwüngen auf die vorzugsweise weiblichen Formen der Natur. Eine Spezialität dieser Zeit waren die stark skulptural beschnitzten Möbel, bei denen – ähnlich wie im Rokoko – die Möglichkeiten des Materials bis an die Grenzen ausgereizt und erstaunliche Meisterwerke des Kunsthandwerks geschaffen wurden.

Demgegenüber pflegten die Wiener Werkstätte und die auch in Deutschland von ihr beeinflußten Produzenten (Abb. rechts) einen sehr viel sachlicheren Stil, der aber durchaus nicht weniger anspruchsvoll und hochwertig ausfiel. Als Farbe wurde oft schlichtes Weiß – häufig als Schleiflack – gewählt. Der Dekor beschränkte sich auf einfache geometrische Wiederholungen.

66 Zwei Armstühle mit Tisch

Bad Lauterberg, Vereinigte Möbelfabriken Germania, 1908, Entwurf Hans Günther Reinstein (geb. 1880).
Bugholz und Preßstoff, schwarz-weiße Fassung erneuert.
Stuhl-H. 76 cm, Sitz-H. 50 cm
Tischplatte 75 x 50 cm
Zus. 4.000,– bis 8.000,–

*

Ein stilistisch ähnliches Ensemble der Wiener Werkstätte würde ein Vielfaches kosten.

Jugendstil

67 Tischuhr

Ilsenburg, Fürstlich Stolbergsches Hüttenamt, Entwurf von Albin Müller (1871–1941) für die Weltausstellung in Saint Louis 1904.
Gußeisen, Zifferblatt und Pendel in Messing und Kupfer mit Emaildekor.
H. 55 cm
10.000,– bis 20.000,–

Darmstadt wurde durch die Gründung der Künstlerkolonie unter der Leitung von Joseph Maria Olbrich zu einem führenden Zentrum des Jugendstils, der das heimische Handwerk stark befruchtete und beflügelte. Der »Darmstädter Stil« ist schwungvoll und elegant, aber doch gleichzeitig von einer gewissen deutschen Sachlichkeit und Zurückhaltung geprägt (Abb. links).

Louis Comfort Tiffany (1848 bis 1933) entstammte der führenden amerikanischen Schmuckdynastie, wandte jedoch seinen ganzen gestalterischen Ehrgeiz dem Glas zu (rechte Abb.). Besonders berühmt – heute aber auch viel nachgeahmt und gefälscht! – sind die aus opalisierenden Glasstücken mosaikartig zusammengesetzten Lampen.

68 Daffodil-Tischlampe

New York, L. C. Tiffany, Modell Nr. 443 bzw. 2106, um 1900.
Vierflammig. Braun patinierter Bronzefuß. Schirm mit stilisierten Narzissen aus verbleitem Opaleszenzglas.
H. 64,5 cm
35.000,– bis 50.000,–

*

Tiffany-Lampen gehören noch immer zu den Rennern am Kunstmarkt. Besonders seltene Exemplare können auch weit über 100.000,– kosten.

Jugendstil

69 Phänomenvasen und Pokalvase

Klostermühle, Joh. Loetz Wwe., um 1900.
Glas, teils mit Pulveraufschmelzungen, teils mit Farbunterfang. Pokalvase (zweite von rechts) mit Akanthusranken-Silberauflage.
H. 26 /15 /32 /25 cm
Je 6.000,– bis 20.000,–

70 Ziervasen

Klostermühle, Joh. Loetz Wwe., um 1900. Glas mit galvanischer Silberauflage. Zweite von links nach ihrem maigrünen Dekor Cystiusvase, die rechte nach ihrem kobaltblauen Dekor Papillonvase genannt.
H. 12/17/10/14 cm
Je 15.000,– bis 30.000,–

Abgesehen von den teilweise abenteuerlich anmutenden Möbeln waren es vor allem die ins Künstlerisch-Virtuose übersteigerten Glaswaren von Gallé, Daum, Loetz und Tiffany, die den Jugendstil zu einer festen Größe im Antiquitäten- und Auktionsgeschäft gemacht haben. Neben den großen und bedeutenden Glasherstellern in Nancy (siehe Abb. Nr. 50, 51) war es in Böhmen vor allem die Manufaktur Loetz, die aufgrund ihrer kunsthandwerklich anspruchsvollen Gläser Weltgeltung genoß und deren Produkte heute noch auf fast jeder Auktion auftauchen. Eine Besonderheit sind jene frappierenden Vasen und Glasobjekte, die zum Teil mit Hilfe galvanisch aufgetragener Silberreliefs eindrucksvolle ornamentale Effekte erzielten.

Jugendstil

71 Zierobjekte

Karlsruhe, Großherzogliche Majolika-Manufaktur, um 1910/20.
Steingut, polychrom bemalt.
Je 1.500,– bis 4.000,–

72 Kind auf Holzpferd, Kinder mit Bilderbuch

Meißen, um 1905/25, Modelle von Konrad Hentschel.
Porzellan, Aufglasurbemalung.
Je 4.000,– bis 8.000,–

*
Die sogenannten »Hentschel-Kinder« sind sehr beliebt bei Sammlern.

Die Majolika-Manufaktur Karlsruhe war 1901 auf Betreiben des Malers Hans Thoma gegründet worden und besteht bis heute. Zu Recht berühmt ist sie für ihre dekorativen Objekte aus Steingut, von denen die obere Abbildung eine breite Palette vorstellt. – Die »Hentschel-Kinder« sind zweifellos die entzückendsten figürlichen Schöpfungen des Meißener Jugendstils und gehören schon seit Jahren zu den Rennern des Antiquitätenmarktes. Viele Sammler sind von der hohen künstlerischen Qualität und der bei allem Liebreiz doch zurückhaltenden und nicht ins Kitschige abgleitenden Ernsthaftigkeit der Kinderfiguren angetan.

Moderne Kunst

Die moderne Kunst oder Kunst der Moderne wird im wesentlichen mit dem 20. Jahrhundert assoziiert, wobei die Nachzügler einer traditionellen, meist an naturalistischen Vorbildern des 19. Jahrhunderts orientierten Kunstauffassung eine Ausnahme darstellen (und im Kunsthandel oft dem 19. Jahrhundert zugeordnet werden, siehe beispielsweise Zügel Abb. Nr. 42 oder Koester Abb. Nr. 43).

Heute, am Ende des 20. Jahrhunderts, ist die »Moderne« bereits selbst Geschichte geworden. Daher bezeichnet man die etwa fünfzigjährige Phase der Entwicklung und Durchsetzung der abstrakten Kunst als »Klassische Moderne«, deren Vorläufer und Heroen heute zu den unbestrittenen Stars des Kunstmarkts zählen. Hierbei stellt Picasso wiederum eine Größe für sich dar: Nicht weniger als sieben seiner Bilder befinden sich unter den höchstbezahlten Werken des Kunstmarkts überhaupt.

Die Stile der Moderne

Die klassische Moderne umfaßt so berühmte, aber meist kurzlebige Stile wie Kubismus (Frankreich), Futurismus (Italien), Konstruktivismus (Rußland), Fauvismus (Frankreich), Expressionismus (Deutschland), Neue Sachlichkeit (Deutschland), De Stijl (Holland), Dadaismus (Zürich, Berlin, New York), Surrealismus, Tachismus (Frankreich) und abstrakter Expressionismus (USA).

Einen gewissen Bruch bedeutete die Entwicklung der Pop-art in den USA und England um 1960, in der zum Teil die elitären Ziele der klassischen Moderne konterkariert und ironisiert wurden und eine Öffnung zur populären Massenkultur vollzogen wurde. Die sogenannte Postmoderne orientierte sich vor allem in Architektur und Design wieder an traditionellen Vorbildern. So ist auch in der Gegenwartskunst am Ende des 20. Jahrhunderts ein Paradigmenwechsel im Gange, der die Rückkehr von Mythos, Inhalt, Handwerk, Ornament und Luxus beobachten läßt, während das Neue um seiner selbst willen seinen Neuigkeitswert eingebüßt hat.

Der Markt

Lange Zeit war die moderne Kunst das Tummelfeld einiger weniger Sammler und Museen. Dies hat sich vor allem seit den 60er Jahren geändert. Damals entdeckten viele Menschen, wie gut abstrakte Bilder mit den modernen Einrichtungen harmonierten. In der modernen Druckgraphik gab es einen richtiggehenden Boom, der – mit gewissen Vertrauenskrisen und konjunkturellen Einbrüchen – bis heute andauert.

Dabei stehen kunsthistorische Bedeutung, ästhetische Qualität, Seltenheit und Preis nicht immer in direkter Korrelation. Abgesehen davon, daß die Heroen der Moderne zu hohen Preisen gehandelt werden und hier vor allem auch Museen zu den konstanten Kunden des Handels gehören, haben sich daneben erklärte Lieblinge des Kunstmarkts etabliert, die eine ausgesprochene Prestigefunktion erfüllen und von ihrem starken Wiedererkennungswert profitieren.

Besondere Anziehungskraft üben Künstler aus, die entweder eine noch gediegene Gegenständlichkeit mit einer modernen Ausrichtung verbinden oder abstrakte bzw. stilisierende Künstler, denen eine anheimelnde Poesie neben besonders dekorativen Werten anhaftet.

So ist es nicht erstaunlich, daß heute Graphiken von Chagall, Dalí und Miró – neuerdings auch etwa die von Penck – zu den festen, zum Teil auf lange Sicht hin vielleicht auch überbewerteten Kunstmarktgrößen gehören.

Druckgraphik

Die moderne Druckgraphik bildet eine wichtige Säule des Handels mit der Moderne. Und für Druckgraphiken der Expressionisten wie Kirchner oder Mueller werden häufig höhere Preise bezahlt als für deren Gemälde, obwohl es sich bei letzteren um Unikate handelt.

Zahlreiche Graphikeditionen sind jedoch ins Zwielicht geraten; am berüchtigsten ist wohl der Skandal um Dalís signierte Blankopapiere.

Aber auch Chagall-Graphiken werden häufig als schlichte Offsetdrucke »nach einer Lithographie« oder »nach einem Ölbild« angeboten, wobei suggeriert wird, daß es sich um Originalgraphiken handele (siehe dazu auch S. 22).

Preisbestimmende Faktoren:

- Der richtige Name: entweder Klassiker (Beispiel: Picasso) oder kurzfristige Moden (Beispiel: Neue Wilde).
- Signatur. Unsignierte, ansonsten identische Graphiken erzielen oft nur einen Bruchteil von signierten.
- Künstlerische Qualität.
- Format: je größer, desto teurer.

Moderne Kunst

73 Hans am Ende (1864–1918)

»Birken am Moorgraben«, signiert.
Öl auf Leinwand.
H. 127 cm, B. 121 cm
90.000,– bis 120.000,–

Worpswede ist nur ein kleiner Ort im Moor in der Nähe von Bremen, stellt aber auf dem Kunstmarkt eine nicht zu unterschätzende Größe dar. Jährlich überschwemmen heutzutage viele tausend Besucher diesen einstmals einsamen, nur durch seine berühmten Künstler bekannt gewordenen Flecken Erde, wo unter anderem Hans am Ende und vor allem die leider viel zu früh verstorbene Paula Modersohn-Becker ihre eigenwilligen und eindringlichen Werke schufen. Die großzügige, einprägsame Stilisierung des Naturerlebnisses macht diese Malerei besonders reizvoll.

Das Gemälde Modersohn-Beckers zeigt, daß sie im Kampf um Ausdruck und Wahrhaftigkeit auch vor landläufiger Häßlichkeit nicht zurückschreckte, ohne dabei die dargestellte Person zu karikieren.

74 Paula Modersohn-Becker (1876–1907)

»Sitzendes Mädchen«, auch »Worpsweder Bauernmädchen« genannt, datiert 1898/99.
Kreide und Rötel auf Papier.
H. 49,4 cm, B. 36,2 cm
150.000,– bis 180.000,–

Moderne Kunst

75 Otto Dix
(1891 – 1969)

»Leonie«, datiert 1929, signiert.
Farblithographie. Auflage 65.
H. 47,6 cm, B. 37,5 cm
50.000,– bis 100.000,–

*

Generell wird Druckgraphik des deutschen Expressionismus hoch bezahlt, oft höher als entsprechende Gemälde. Die Wertschätzung hängt allerdings auch vom Sujet ab.

Von vielen wird der modernen Kunst ihr teilweise geringer Sinn für »Schönheit« vorgeworfen. Für kaum einen anderen Künstler trifft dieser Vorwurf anscheinend so zu wie für Otto Dix, der in den wilden 20er Jahren – eigentlich dem Zeitalter der Neuen Sachlichkeit – in teilweise stark expressiv verzerrter Weise den Menschen einen wenig schmeichelhaften Spiegel vorhielt.

Eine Institution des Kunstmarkts nicht nur in der Malerei, sondern auch im Bereich der Graphik ist Pablo Picasso. Er verbindet in seinem künstlerischen Schaffen eine geradezu unfaßbare Produktivität mit meist ebenso stupender Qualität. Der farbige Linolschnitt nach Cranach gehört mit seiner »kubistischen« Deformation zu Picassos bekanntesten und populärsten Graphiken.

76 Pablo Picasso
(1881 – 1973)

»Porträt eines Mädchens, nach Cranach«, 1958, signiert.
Farbiger Linolschnitt. Auflage 50.
H. 64 cm, B. 53,4 cm
300.000,– bis 400.000,–

*

Picasso-Graphiken erreichen preisliche Höhen, die andere Maler nicht einmal mit großformatigen Bildern erreichen.

Moderne Kunst

77 Marc Chagall (1887 – 1985)

»When the Old Woman Mounted on«, 1948, signiert.
Blatt 7 aus der Folge »Four Tales from the Arabian Nights«.
Original-Farblithographie auf chamoisfarbenem Bütten. Auflage 90.
H. 37,2 cm, B. 28 cm
45.000,– bis 60.000,–

Eine Sonderrolle auf dem Kunstmarkt spielen die farbigen Graphiken von Marc Chagall und Joan Miró, die heute sozusagen zu den festen Statussymbolen betuchter Bildungsbürger gehören und deren Preise trotz geradezu serieller Massenproduktion konstant hoch bleiben. Während bei Chagall vor allem seine poetisch duftigen Kompositionen mit ihrem naiven Charme begeistern, ist es bei Miró sein raffiniert unbekümmerter Farbwitz, der die Leute in seinen Bann zieht.

Wegen der hohen Preise und der überwiegend unkundigen Käufer ist hier die Gefahr unlauterer Machenschaften besonders groß. Wollen Sie derartige Werke erwerben, sollten Sie sich unbedingt an einen seriösen Händler oder ein renommiertes Auktionshaus wenden und keinesfalls auf blumige, vollmundige Zeitungsannoncen hereinfallen.

78 Joan Miró (1893 – 1983)

Blatt III aus »Cahier d'ombres« (Schattenheft), 1971, handsigniert.
Farblithographie. Auflage 200.
H. 30 cm, B. 23,5 cm
4.000,– bis 6.000,–

*

Nach gültigen Sammelkriterien ist die Auflage von 200 Exemplaren bereits reichlich hoch.

Moderne Kunst

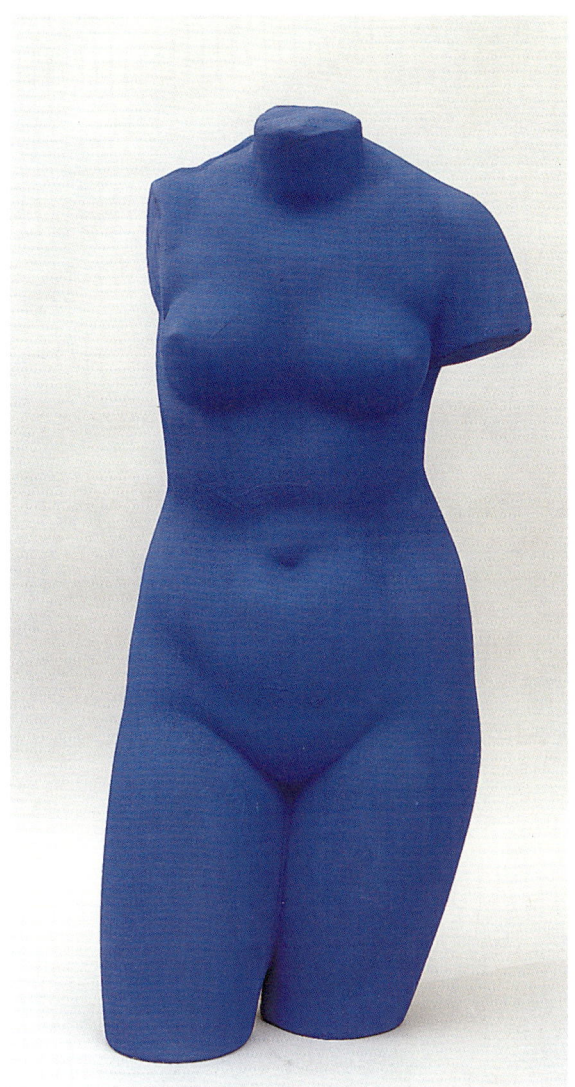

79 Yves Klein (1928 – 1962)

»Venus bleue« um 1960,
Blau bemalter Stuck. Glassturz.
H. 68 cm, Auflage 300.
40.000,– bis 50.000,–

Yves Klein und Joseph Beuys, die heute beide bereits zu den Klassikern gehören, waren zu ihrer Zeit kontrovers diskutierte Persönlichkeiten, denen Show-Effekte, Persönlichkeitskult und Scharlatanerie vorgeworfen wurden.

Yves Klein beschränkte sich in seinen berühmten monochromen Gemälden darauf, Leinwände gleichmäßig ultramarinblau einzufärben, ein Verfahren, das er auch auf Abgüssen antiker Plastiken anwandte. Dagegen sorgte Beuys vor allem durch seine Filz- und Fettobjekte für Aufsehen.

80 Joseph Beuys (1921 – 1986)

»Stempelplastik«, 1982, signiert.
Stapel aus 37 Folienpostkarten »Honey is flowing« und »Hauptstrom«-Stempel.
Auflage 35.
15.000,– bis 30.000,–

Moderne Kunst

81 Sigmar Polke (geb. 1941)

Ohne Titel, datiert 1967, signiert. Rasterzeichnung. Dispersion im Pochoirverfahren auf Velin.
H. 69,5 cm, B. 100 cm
120.000,– bis 150.000,–

82 A. R. Penck (geb. 1939)

»Komposition«, signiert. Acryl auf Zeichenkarton.
H. 84 cm, B. 68 cm
20.000,– bis 30.000,–
*
Sehr populär – und preislich meist deutlich günstiger – sind Pencks Druckgraphiken.

Sigmar Polke gehört neben Gerhard Richter, Georg Baselitz, Anselm Kiefer und A. R. Penck zu den ersten deutschen Nachkriegsmalern, die auf dem internationalen Kunstmarkt wieder in die »erste Liga« aufgestiegen sind. Die hintergründig witzigen, dabei malerisch höchst subtilen Bilder und Bilderfindungen – darunter auch eine ganze Werkgruppe mit Rasterpunkten – wurden zum Markenzeichen Polkes, der heute zu den »Großmeistern« der Kunstszene gehört. (Bei dem hier angewandten Pochoirverfahren wird mit Hilfe einer Pappschablone koloriert.)

Der aus der DDR geflohene Maler und Bildhauer A. R. Penck blieb zwar der Figurenmalerei treu, reduzierte sie aber auf ein einfaches, piktogrammartiges Zeichensystem, dem er ständig neue musterartige Bilderfindungen in großzügiger, scheinbar müheloser Pinselschrift abgewinnt.

Neben den großformatigen Leinwandbildern und einer Vielzahl kleinerer Werke ist Penck auch als Graphiker besonders erfolgreich und populär.

Möbel

Möbel sind die beliebtesten Antiquitäten überhaupt, stellen sie doch eine perfekte Verbindung von Schönheit, historischem Dokument und Gebrauchswert dar.

Die Geschichte der Möbel begann zwar bereits in der Antike, für den heutigen Durchschnittskäufer spielen jedoch erst Objekte ab ca. 1700 eine Rolle.

Die für Antiquitätenliebhaber wichtigsten Möbelstile:

Barock: opulente, massige und oft wellenförmig bewegte Möbel (Abb. Nr. 83)

Louis Quinze: Rokokostil mit zierlicherer Verfeinerung des Barockstils. Der Begriff wird meist für von Frankreich beeinflußte Möbel verwendet (Abb. Nr. 92)

Louis Seize: spätes Rokoko, Beginn einer klassizistischen Straffung (Abb. Nr. 88)

Empire: häufig pompöser, von der Antike inspirierter Stil der Kaiserzeit Napoleons (Abb. Nr. 95, 96)

Biedermeier: versachlichter und verbürgerlichter Klassizismus, erster moderner Möbelstil (Abb. Nr. 97 bis 104)

Historismus: Neuauflage verschiedener historischer Stile (Abb. Nr. 106–108)

Jugendstil: organisch bewegte Formen (Abb. Nr. 65, 111), strenge gerade Linien (Abb. Nr. 66, 110)

Art déco: mondän geometrisierender Ausstattungsstil (Abb. Nr. 7–9, 112)

Stilmöbel

Einen großen Teil vor allem der billigeren antiken Möbel stellen sog. Stilmöbel dar. Dabei muß zwischen den Stilnachahmungen von Renaissance- und Barockmöbeln unterschieden werden, die im 19. Jahrhundert in teilweise noch alter Handwerkstradition entstanden (z. B. Abb. Nr. 106, 107), und den industriell hergestellten Stilmöbeln unseres Jahrhunderts.

Die historistischen Möbel des 19. Jahrhunderts weisen teilweise eine erstaunliche Verarbeitungsqualität und Funktionalität auf. Doch wurde vor allem mit den stilistischen Elementen des Rokoko sehr frei und formal nicht immer ganz geglückt umgegangen.

Häufig sind die Proportionen unharmonisch, und die allzuleichte Verfügbarkeit maschinell hergestellter Schnitzereien verführte zu ornamentalen Exzessen. Gerade Gründerzeitmöbel wirken daher meist überladen (Abb. Nr. 108).

Stilmöbel unseres Jahrhunderts, die sich übrigens aufgrund ihrer Stilisierung kaum mit Produkten des 18. Jahrhunderts verwechseln lassen, besitzen bislang keinen Sammlerwert und nur geringen Wiederverkaufswert.

Preisbestimmende Faktoren:

- Funktionalität. Hängt stark mit den heutigen beengten Wohnungen zusammen. Kleine Möbel sind begehrter als große. Sehr große Schränke sind schwerer verkäuflich als zierliche Damensekretäre oder Beistelltische. Antike Betten sind aufgrund ihrer meist zwergenhaften Abmessungen praktisch unverkäuflich, Vitrinen dagegen hochbegehrt.
- Moden. Zu bestimmten Zeiten sind z. B. helle Hölzer gefragt, dann wieder dunkle.
- Herstellungsort. Im Norden Deutschlands ist ein norddeutsches Möbel tendenziell teurer als in Süddeutschland und umgekehrt. Andererseits gibt es auch hier Moden. Dann zieht man z. B. in Norddeutschland süddeutsche Biedermeiermöbel aus Kirschholz den einheimischen Birkenmöbeln vor.
- Signierte Möbel sind teurer als unsignierte.
- Qualität des Entwurfs. Höfische Möbel oder Objekte für reiche Auftraggeber sind meist von anspruchsvollerem Design als einfachere Stücke.
- Qualität und Verfeinerung der Ausführung. Es ist ein Unterschied, ob ein Möbelschreiner echte Bronzeappliken verwendet oder ob diese aus goldfarben bemaltem Holz bestehen, ob ein Möbelstück aus Nadelholz hergestellt ist oder mit exotischen Hölzern furniert und intarsiert.
- Die Erhaltung ist ein wichtiger Punkt bei der Preisbewertung von Möbeln. Gut erhaltene Möbel sind selten. Außerdem kann das Restaurieren von Möbeln sehr teuer werden. Wer sich also ein Sofa kauft, das neu gepolstert und bezogen werden muß, muß dies beim Kaufpreis angemessen berücksichtigen (siehe auch S. 19).

Für anspruchsvolle Sammler sind die unrestaurierte authentische Erhaltung und die originale Oberfläche besonders wichtig.

Möbel

83 Frankfurter Pilasterschrank

Frankfurt, um 1700.
Nußbaum und Nußbaumwurzel auf Nadelholz furniert, geschnitzte Kapitelle massiv Nußbaum. Originaler Beschlag, originales Schloß.
H. 250 cm, B. 230 cm, T. 70 cm
120.000,– bis 140.000,–

*

Ein Stück von musealer Qualität.

Aus dem Doppelschrank – der ursprünglich nichts anderes als zwei übereinandergestellte Truhen war – entwickelte sich um 1600 der doppeltürige Dielenschrank, der vor allem den im 17. und 18. Jahrhundert fülliger werdenden Kleidern bessere Aufhängungsmöglichkeiten bot. Eine klassisch-schlichte Ausprägung fand dieser Schranktypus in der Form des sogenannten Frankfurter Wellenschrankes oder des hier abgebildeten Pilasterschrankes, dessen Vorderfront durch Kehlen und Wülste wellenförmig und seitlich durch Pilaster gegliedert ist.

Ein typisches Schreibmöbel des Barock ist der Aufsatzsekretär mit kommodenartigem Unterteil, aufklappbarer Schreibplatte und unterschiedlich gegliedertem Aufsatz.

84 Tabernakelsekretär

Mainz, um 1760.
Nußbaum auf Nadelholz furniert. Tabernakeltüre konkav geschwungen, Schreibklappe leicht geschwungen. Originale Beschläge.
H. 190 cm, B. 130 cm, T. 60 cm
100.000,– bis 150.000,–

*

In weniger authentischem Erhaltungszustand sind derartige Sekretäre auch schon für die Hälfte zu bekommen.

85 Kommode

Braunschweig, um 1760.
Nußbaum und Nußbaumwurzel auf
Nadelholz furniert. Fein verschlungenes
Bandelwerk in Esche, Deckplatte mit
eingelegtem stilisiertem Früchtekorb.
Originale Schlösser und Beschläge.
H. 82 cm, B. 112 cm, T. 60 cm
25.000,– bis 35.000,–

*

*Barockkommoden sind je nach
Erhaltung und Qualität schon für
unter 10.000,– zu bekommen.*

86 Kommode

Süddeutschland, um 1760.
Nußbaum und Nußbaumwurzel auf
Nadelholz furniert. Deckplatte mit
floralen Intarsien eingelegt.
H. 80 cm, B. 108 cm, T. 60 cm
20.000,– bis 35.000,–

Die beiden Barockkommoden stammen ungefähr aus der gleichen Zeit, die eine aus Braunschweig, die andere dagegen aus Süddeutschland. Mit ihren jeweils drei Schüben – die Vorderfront der einen ist konvex vorgebaucht, die der anderen konkav eingezogen – sind sie charakteristisch für deutsche Barockkommoden der Jahrhundertmitte.

Je nach Qualität des Entwurfs, Aufwand der Verarbeitung – manchmal wurden teuerste Hölzer kunstvoll und in mühevoller Handarbeit eingelegt sowie kostbare Bronzen nach Entwürfen speziell für ein bestimmtes Möbelstück gefertigt – differieren die Preise stark.

Möbel

87 Tisch

Dresden, Meister Peter Hoese,
um 1760.
Nußbaum und Nußbaumwurzel auf
Nadelholz furniert.
H. 78 cm, B. 81 cm, T. 56 cm
25.000,– bis 30.000,–
*
Tische sind generell eher teuer.

Die beiden Tischchen demonstrieren anschaulich die Stilentwicklung vom Barock zum Klassizismus. Während sich am linken praktisch keine gerade Linie oder Kante befindet und alle Konturen in schwungvollen Bögen aufgelöst sind, steht das rechte Tischchen sehr entschieden, steif und gerade da. Die Tischbeine ähneln kannelierten Vierkantsäulen, und die Tischzarge mit ihren zarten Intarsien suggeriert den Eindruck eines antiken Architravs.

Im Zeitalter unseres Pantoffelkinos gibt es praktisch keine Spieltische mehr. Aber noch bis weit ins 19. Jahrhundert hinein waren diese kleinen Verwandlungstische – oft aufklappbar und mit zierlichen und sehr funktionalen Einsätzen für Spielkarten und Spielsteine versehen – ein fast unentbehrliches Möbel zur »Freizeitgestaltung« in besseren Kreisen.

88 Spieltisch

Süddeutsch, um 1780.
Nußbaum auf Nadelholz furniert.
Deckplatte intarsiert mit architektonischen Szenen sowie Landschaftsdarstellungen, teilweise brandschattiert.
H. 75 cm, B. 60 cm, T. 40 cm
20.000,– bis 24.000,–

89 Kommode

Neuwied, Werkstatt Abraham Roentgen, um 1765.
Nußbaum, Nußbaum-Halbmaser, Ahorn teil gebrannt gefärbt, Erle, Buchsbaum, Thuja, Messingeinlagen, Füllungsmarketerie.
H. 90 cm, B. 137 cm, T. 68 cm
Über 300.000,–

*

Roentgen-Möbel können auch weit über eine Million Mark kosten.

90 Schreibtisch

Neuwied, David Roentgen, um 1785/90.
Pyramidenmahagoni, Messing, originaler Bronzezierat. Innen lederbesetzte, hochklappbare Schreibklappe. Schubkasten in zwei Stellungen auszieh- und arretierbar. Geheimschub.
H. 74 cm, B. 93 cm, T. 60 cm
Über 300.000,–

*

Vater und Sohn Roentgen zählen zu den bedeutendsten Möbelschreinern überhaupt.

Wer einen künstlichen Schreibtisch von Roentgen gesehen hat, wo mit einem Zug viele Federn und Ressorts in Bewegung kommen, Pult und Schreibzeug, Brief und Geldfächer sich auf einmal oder kurz nacheinander entwickeln, der wird sich eine Vorstellung machen können, wie sich jener Palast entfaltete ... Alles war geräumig, köstlich und geschmackvoll.« Mit diesen Worten beschreibt Goethe in seinem Märchen von der »Neuen Melusine« die technischen Raffinessen der schon damals unbezahlbar teuren Verwandlungsmöbel des berühmten David Roentgen (1743–1807), die sich daneben auch noch durch ihren vollendeten Stil und ihre perfekte handwerkliche Verarbeitung auszeichnen (Abb. unten).

Die obere Kommode stammt von seinem Vater Abraham Roentgen (1711–1793), dessen Schaffen – im Gegensatz zu den klassizistischen Möbeln David Roentgens – noch stark vom Rokoko geprägt war.

Möbel

91 Sechs Stühle

Moselländisch, um 1760.
Nußbaum massiv.
Zus. 24.000,– bis 30.000,–

*

Der Preis für einen Stuhlsatz ist im Verhältnis meist höher als der für ein entsprechendes Einzelstück.

92 Paar Bergèren

Frankreich, Meister Jean-Jacques Pothier, um 1765.
Buche. Gelber Seidenbezug mit polychromen Blumen.
Zus. 40.000,– bis 60.000,–

*

Weniger qualitätvolle und nicht signierte Sessel aus dieser Zeit liegen preislich oft deutlich günstiger.

Die Sitzkultur erreichte im Rokoko einen später vielleicht nie wieder erreichten Höhepunkt. Nicht nur spielte die Art des Sitzmöbels in der Hierarchie des Hofes eine wichtige Rolle (die Rangfolge reichte vom Sessel bis hinab zum Sitzkissen), auch die Vielfalt der zur ständig gesteigerten Bequemlichkeit erfundenen Möbel war verblüffend. Die Sitze der Sessel (untere Abb.) waren meist breit, tief und weich gepolstert. Alles Kantige und Eckige wurde vermieden oder abgepolstert.

Die oberen Stühle aus Deutschland dienten als typische Speisezimmerstühle.

Sie sind funktional und bequem, jedoch keinesfalls von so üppig-wollüstiger Bequemlichkeit wie die beiden Sessel aus Frankreich.

93 Bauernschrank

Alpenländisch, Ende 18. Jh.
Nadelholz, polychrom gefaßt.
Geschweifte Kassettenfüllungen mit
Darstellungen biblischer Szenen.
H. 202 cm, B. 148 cm, T. 53 cm
10.000,– bis 18.000,–
*
Preissteigernd wirkt vor allem eine originale und gut erhaltene Bemalung.

94 Bibliotheksschrank

England, 19. Jh.
Mahagoni. Abklappbare Schreibplatte,
Vitrinenaufsatz.
H. 225 cm, B. 241 cm, T. 58 cm
20.000,– bis 30.000,–
*
Auch die Funktionalität des Möbels wirkt preisbestimmend.

Die meist aus dunklem Holz – häufig Mahagoni – bestehenden englischen Möbel weisen bereits seit dem 18. Jahrhundert verblüffend moderne und funktionale Formen auf, die teilweise bis heute gefertigt werden.

Generell ist es daher für Nichtfachleute schwierig, englische Möbel genau zu bestimmen und zu datieren. Darüberhinaus führte ein Boom in den 60er und 70er Jahren zu einer wahren Imitationsflut englischer Möbel.

Bauernmöbel (links) sind volkstümliche Möbel. Sie sind mehr auf Funktion als auf Repräsentation ausgerichtet und stärker regional geprägt als das eher international beeinflußte städtische oder gar höfische Möbel. Gefertig wurden sie meist aus massivem – nicht furniertem – Holz, häufig Nadelholz. Neben der charakteristischen Bemalung ist für Bauernmöbel eine meist barocke Formensprache typisch, die sich häufig – entsprechend der ländlichen Tracht – bis in unser Jahrhundert hinein gehalten hat. Aufgemalte Datierungen sind mit Vorsicht zu genießen, da sie oft nicht mit der wahren Entstehungszeit des Möbelstücks übereinstimmen.

Möbel

95 Sekretär mit Stehpult

Westdeutsch, Neuwied, David Hacker zugeschrieben, um 1800.
Mahagoni auf Kiefer furniert. Messingeinlagen. Geheimfächer, Messingapplikationen.
H. 155 cm, B. 102 cm, T. 54 cm
160.000,– bis 200.000,–
*
Ein meisterhaft verarbeitetes Stück.

Der linke Empiresekretär mit seinen klassisch-strengen Linien ist stark von der französischen Formensprache durchdrungen. Typisch für die Zeit sind die meist vergoldeten und von der antiken und ägyptischen Kunst beeinflußten Ornamente: Säulen, Kapitelle, Friese, Lyramotive, Greifen, Obeliskformen, Sphingen.

Dagegen verweist der rechte Sekretär mit seiner malerischen Verwendung verschiedener Furniere schon auf das kommende Biedermeier. Typisch für Berlin ist neben der Verwendung von Birkenholz der trommelartige Aufsatz, der wie auf den eigentlichen Schreibschrank gesetzt wirkt.

96 Sekretär

Berlin, um 1800.
Amaranthholz und Birke auf Nadelholz furniert. Geschnitzte Löwenfüße, verspiegelte und gedrechselte Galerie in Elfenbein. Geheimfächer. Seitlich von zwei Löwen in polychromer Fassung flankiert. Schwarz gelackte Bekrönung mit goldfarbenem Fries.
H. 202 cm, B. 111 cm, T. 53 cm
80.000,– bis 100.000,–

97 Sekretär

Rheinland, um 1820.
Kirschbaum furniert.
H. 162 cm, B. 104 cm, T. 54 cm
20.000,– bis 40.000,–

*

Ein sehr schönes und gut verarbeitetes Stück. Der überwiegende Teil der guten Biedermeiersekretäre bewegt sich in diesem Preisbereich.

Sekretäre stellen die Parademöbel des Biedermeier dar: repräsentativ und gleichzeitig Symbol der Ordnungsliebe und Bildungsbeflissenheit ihrer Benutzer. Charakteristisch ist für Biedermeiermöbel generell die Verarbeitung ausdrucksstark gemaserter Furniere. Stilistisch steht der Sekretär zwischen Nord- und Süddeutschland: Das Kirschbaumfurnier steht für den Süden, eher dem Norden zuzuordnen ist dagegen die betont architektonische Form mit dem angedeuteten Trommelaufsatz.

Rechts eine sogenannte Chiffoniere oder Pfeilerkommode, deren Name von ihrem üblichen Ausstellungsort am Wandpfeiler zwischen zwei hohen Fenstern herrührt.

98 Chiffoniere

Franken, um 1830.
Kirschbaum.
H. 137 cm, B. 77 cm, T. 40 cm
14.000,– bis 19.000,–

*

Chiffonieren sind nicht ganz so beliebt wie Sekretäre.

Möbel

99 Kleiderschrank

Franken, um 1820/30.
Kirschbaum furniert.
H. 207 cm, B. 135 cm, T. 64 cm
18.000,– bis 28.000,–

✳

Schlichte Biedermeier-Kleiderschränke – vor allem aus Kirschbaum – sind inzwischen im Handel selten geworden.

Wäsche- und Kleiderschränke aus dem Biedermeier begegnen uns heute eher selten. Sie gehörten nicht zur Ausstattung der Repräsentationsräume. Die wenigen Schränke, die im Handel auftauchen, werden wegen ihrer Schönheit und Funktionalität gerne gekauft und verschwinden so rasch wieder vom Markt.

Beliebt bei heutigen Käufern, aber selten und teuer, sind Vitrinen und Bücherschränke. Aber aufgepaßt: Häufig wurden Kleiderschränke nachträglich in Vitrinen verwandelt!

Ein Merkmal süddeutscher Biedermeiermöbel zwischen 1820 und 1830 sind die vorgestellten geschwärzten Säulen, wie wir sie auf dieser und auf der vorhergehenden Seite sehen.

100 Bücherschrank

Süddeutschland, um 1820.
Nußbaum und geschwärztes Holz auf Nadelholz furniert. Schwarze Malerei mit Frauenköpfen in Blumenkränzen.
H. 200 cm, B. 133 cm, T. 52 cm
25.000,– bis 30.000,–

✳

Bücherschränke und Vitrinen – je mehr Glas desto lieber – sind sehr gesucht.

101 Sofa

Süddeutsch, um 1825.
Kirschbaum furniert.
H. 103 cm, B. 196 cm, T. 70 cm
16.000,– bis 20.000,–
*
Ein klassisch-schlichtes Sofa von verblüffend reduzierter Formensprache und sehr funktional. Einfache Biedermeiersofas gibt es auch schon für unter 10.000,–.

102 Stuhl

München, um 1820.
Kirschbaum.
**Einzeln 4.000,– bis 5.000,–
Sechsersatz
35.000,– bis 45.000,–**
*
Der Preis für einen Stuhlsatz ist im Verhältnis immer höher als der für ein entsprechendes Einzelstück. Gute Biedermeierstühle bekommt man ab etwa 2.000,–.

Neben dem Sekretär gilt das Sofa als besonders typisches Biedermeiermöbel. Gemütlich gepolstert und mit gefällig geschwungener Rückenlehne versehen, wurde es zum Symbol für das biedermeierliche Lebensgefühl schlechthin. Hier abgebildet ist eine sehr elegante und strenge Version aus der eher frühen Biedermeierzeit, deren formale Reduktion auch heute noch verblüffend modern anmutet.

Vorwiegend aus Süddeutschland und Österreich stammen die sogenannten Schaufelstühle, deren Rückenbrett meist stark gewölbt und schaufelartig – mit seitlich angedeuteten Voluten – ausgebildet ist.

Möbel

103 Stuhl

Süddeutsch, um 1815/20.
Nußbaum.
2.000,– bis 3.000,–

✳

Ein solider, typischer Biedermeierstuhl.

Original und Stilmöbel: Beide Stuhltypen weisen die typische Schilfblattversprossung des Biedermeier auf, ein Ornament, das angeblich auf die drei Straußenfedern im Wappen des Prinzen von Wales zurückgeht. Genau dieser Typus war nun um die Jahrhundertwende während des sogenannten Zweiten Biedermeier besonders beliebt und wurde häufig nachgebaut, sei es, um vorhandene Garnituren zu vervollständigen, Zimmereinrichtungen zu ergänzen, sei es, um neue Ensembles zu schaffen. Eine gewisse Vorsicht bei Möbeln mit Schilfblattversprossung ist also angebracht: Gerade das Allzutypische muß nicht unbedingt authentisch sein!

104 Paar Stühle

Biedermeierstil, wohl um 1900.
Nußbaum, teilweise furniert.
Gesamt-H. 87 cm, Sitz-H. 50 cm.
Paar 1.000,– bis 2.000,–

✳

Relativ getreue und handwerklich gekonnte Kopie eines typischen Biedermeierstuhls mit Schilfblattversprossung. Der spätere Nachbau ist nur an der schreinerischen Verarbeitung und eventuell der Maserung oder Oberfläche des Holzes erkennbar.

105 Kommode

Paris, um 1770, gestempelt »J. Birckle«.
Veilchenholz, Marketerie. Originale
Bronzebeschläge.
H. 85 cm, B. 95 cm, T. 51 cm
60.000,– bis 90.000,–

106 Kommode

19. Jh., Louis-Quinze-Stil.
Rosenholz, Palisander,
Ahorn gebeizt, Mahagoni,
Zitrone. Bronzebeschläge.
H. 89 cm, B. 119 cm, T. 48 cm
15.000,– bis 25.000,–

Oben eine originale Rokokokommode, unten eine Kommode im Rokokostil. Während Stilmöbel, also die mehr oder weniger modifizierten Nachahmungen vor allem von Barock- und Rokokomöbeln, aus unserem Jahrhundert praktisch keinen Sammler- und Wiederverkaufswert besitzen, werden entsprechende Stücke aus der zweiten Hälfte des 19. Jahrhunderts zu teilweise erstaunlich hohen Preisen gehandelt.

Dafür gibt es mehrere Gründe: Zum ersten sind diese Möbel häufig noch handwerklich sehr aufwendig hergestellt. Darüberhinaus verstand man es im Historismus, gotische, barocke und vor allem Rokokoformen sehr effektvoll in Möbel umzusetzen – manchmal auch zu »verbessern« –, die in ihren gefälligen Formen den heutigen Geschmack teilweise besser treffen als die häufig etwas herberen Originale.

Möbel

107 Chiffoniere

Frankreich, Empirestil, wohl Ende 19. Jh.
5.000,– bis 10.000,–

*

Auch gut gemalte Stilmöbel werden geschätzt.

108 Aufsatzbuffet

Frankreich, Ende 19. Jh.
Nußbaum, Eiche. Reiche Schnitzereien, Originalbeschläge und -schlösser.
H. 268 cm, B. 184 cm, T. 58,5 cm
4.000,– bis 8.000,–

Links die Nachbildung einer Chiffoniere im Empirestil, wohl gegen 1900 entstanden. Rechts dagegen ein beeindruckendes Beispiel für ein Möbel im Neurenaissancestil aus dem letzten Drittel des 19. Jahrhunderts. Die Vitrine stammt aus Frankreich, entspricht jedoch mit ihrer Überfülle plastischer Schnitzereien – Blumen, Früchte, Delphine und leibhaftige Drachen! – dem deutschen Gründerzeitstil. Auch wenn diese Schnitzereien zum Teil bereits maschinell hergestellt wurden, ist doch bei diesen Möbeln der im Vergleich zu heute beträchtliche Aufwand an Schreinerarbeit sowie der Einsatz massiver Nußbaum- und Eichenhölzer bewundernswert.

Allerdings bedarf es groß dimensionierter Altbauwohnungen, um von solch ambitionierten und gigantischen Möbeln optisch nicht völlig erschlagen zu werden.

109 Tisch und Stuhl

Italien, Carlo Bugatti, um 1890.
Nußbaum. Ornamente in Kupfer
und Knochen, Zinneinlagen, Platte
und Sitz in Pergament und Leder.
Tisch H. 79 cm, B. 100 cm, T. 68 cm
**Tisch 12.000,– bis 15.000,–
Stuhl 6.000,– bis 9.000,–**

110 Salongarnitur

Deutsch, um 1900.
Achtteilig: Sofa, zwei Stühle,
zwei Bergèren, runder Tisch, Schrank
und großer Konsolspiegel.
Kirschbaum. Versilberte Kupferblech-
auflagen mit reliefierten Floralmotiven,
Messingschlüsselschilder.
Zus. 20.000,– bis 30.000,–

Um die Jahrhundertwende verschwanden Historismus und Stilmöbel zwar nicht völlig von der Bildfläche, aber die mehr oder weniger entfesselten Formen des Jugendstil breiteten sich sowohl im groß- als auch im kleinbürgerlichen Bereich aus. Gerade aus gutbürgerlichen Haushalten kommen noch relativ viele komplette »Salons« auf Auktionen und in den Handel (Abb. unten). Die Preise für solche Ensembles sind, falls sie nicht von einem der ganz großen Namen wie etwa Josef Hoffmann entworfen wurden, vergleichsweise günstig.

Eine speziell italienische Variante der Möbelkunst der Jahrhundertwende entwarf der Italiener Carlo Bugatti, dessen aufwendige und extravagante Möbel auch maurische Stilelemente miteinbeziehen. Häufig kombinierte er Holz mit Metallen, Pergament und Leder (Abb. oben).

111 Sofa

Weimar, um 1914/15, Entwurf von Henry van de Velde (1863–1957), ursprünglich für Haus Esche/Chemnitz. Mahagoni massiv, gepolstert. Originalbezug.
H. 99,5 cm, B. 161 cm, T. 70 cm
20.000,– bis 30.000,–

∗

Der authentische Erhaltungszustand mit Originalbezug macht dieses Sofa besonders interessant.

112 Kleine Bibliothek

Frankreich, Eugène Printz (1879–1948), um 1935, signiert. Nußbaum massiv.
H. 84 cm, B. 105 cm, T. 33 cm
25.000,– bis 35.000,–

∗

Art déco-Möbel dieser Qualität sind gesucht.

Das oben abgebildete Sofa stammt von dem berühmten Henry van de Velde, dem Repräsentanten des belgischen Jugendstil. An solchen Stücken, vor allem wenn noch original bezogen wie hier und mit historisch interessanter Provenienz, sind auch Museen interessiert.

Ein Beispiel des weniger mondänen als vielmehr eher sachlichen Art déco stellt die kleine Bibliothek in Form eines Regals mit verschiedenen praktischen Fächern von dem Franzosen Eugène Printz dar (siehe auch Abb. Nr. 7, 8).

Plastik

Dreidimensional geformte Bildwerke gehören zu den ältesten Äußerungen der Kunst. Nach dem Untergang der Antike und den Wirrungen der Völkerwanderungszeit war es zunächst die architekturgebundene Steinbildhauerei, welche die lange Geschichte der vielfältigen Formen abendländischer Skulptur einläutete.

Ein besonders blühender Zweig der Holzschnitzerei entwickelte sich in Deutschland zwischen dem 15. und dem 18. Jahrhundert, wobei die meist religiösen Bildwerke überwiegend farbig gefaßt waren.

Während der Renaissance wurde die Bronzefigur, die bereits in der Antike eine wichtige Rolle gespielt hatte, wieder etabliert und vor allem für säkulare Themenbereiche verwendet. Weitere Materialien waren Marmor, Blei, Zinn oder auch die seit dem Alterum gebräuchliche Verbindung von Bronze und Elfenbein.

Im 20. Jahrhundert kam es zu einer allgemeinen Ausweitung der Themen, Materialien und Präsentationsformen, von denen etwa die Fettecken von Beuys am bekanntesten geworden sind. Fundstücke und Environments als gestaltete Räume spielen in der Moderne eine wichtige Rolle.

Plastik oder Skulptur?

Für die dreidimensional bildenden Künste werden die Begriffe Skulptur und Plastik meist gleichbedeutend verwendet. Im eingeschränkteren Sinne bezeichnet jedoch die Plastik das Formen und Modellieren in weichem – plastischem – Material, was beispielsweise Voraussetzung für die gegossene Bronzeplastik ist.

Der Begriff Skulptur wird eher auf (holz)geschnitzte oder (stein)behauene Werke angewendet.

Kunstmarkt

Auf dem Kunstmarkt spielen Skulpturen und Plastiken eine wichtige Rolle. Aus verständlichen Gründen dominiert die Kleinplastik gegenüber der Monumentalbildhauerei.

Das Unwesen der illegalen Raubgrabungen richtet an ihren Fundorten besonders verheerende Schäden an. Bei antiken Stücken haben daher die strengen Ausfuhrbestimmungen der Ursprungsländer zu einer gewissen Verunsicherung des Marktes geführt.

Bei spätmittelalterlichen bis barocken Figuren wird vielfach beklagt, daß sich das Interesse nur auf signierte oder sicher zugeschriebene Werke konzentriert, die anonymen, nur stilgeschichtlich einzuordnenden

Preisbestimmende Faktoren:

- Künstlerische und ästhetische Qualität.
- Authentischer Erhaltungszustand. Dazu gehört auch die möglichst originale Farbfassung.
- Unversehrtheit und Vollständigkeit. Bei vielen Figuren sind Extremitäten und Attribute im Laufe der Jahrhunderte abgebrochen und wurden häufig ergänzt. Ergänzungen wirken immer wertmindernd.
- Signatur oder sichere Zuschreibung an einen – möglichst berühmten – Künstler.

Objekte zu wenig beachtet werden. Gegenüber den traditionellen Epochen haben in den letzten Jahren Jugendstil- und vor allem Art déco-Figuren gewaltig aufgeholt. Auch die klassische Moderne und die zeitgenössische Kunst (siehe auch Abb. Nr. 79 und 80) spielt gerade bei einem jüngeren Publikum eine herausragende Rolle.

Während Marmor- und Schnitzbildwerke in aller Regel als Unikate auftreten, können von Bronzefiguren mehrere Exemplare gegossen werden. Je nach mehr oder weniger enger Auslegung sollte die Auflage jedoch nicht mehr als neun bis 25 Exemplare betragen.

Im Falle Rodins etwa, der sich um diese Fragen nicht sonderlich kümmerte, sorgen heute die teilweise sehr hohen Auflagenzahlen seiner Plastiken für einige Verwirrung auf dem Kunstmarkt.

Einen anderen problematischen Fall stellen posthum nach Entwürfen des Künstlers gegossene Figuren dar, deren tatsächlicher Wert vor dem Kauf sorgfältig geprüft werden sollte. Da es gerade im Bereich der Bronzeplastik auch eine Vielzahl moderner Repliken gibt, gilt es hier, ein Mindestmaß an Vorsicht und Sachverstand walten zu lassen.

Bei Holzskulpturen, die ursprünglich farbig gefaßt, also über einem Kreidegrund farbig bemalt und vergoldet waren, wirkt sich die Beschädigung oder der Verlust der Fassung durch Ablaugen als stark wertmindernd aus. Dagegen schlagen Klebestellen, Reparaturen und kleine Fehlstellen bei Originalkunstwerken bei weitem nicht so negativ zu Buche, wie das etwa bei Porzellan oder Glas der Fall ist.

Plastik

113 Hl. Anna selbdritt

Oberschwaben, um 1520.
Lindenholz mit fast vollständig erhaltener originaler Fassung.
H. 71,5 cm
40.000,– bis 70.000,–

*

Skulpturen mit erhaltener Fassung sind selten.

Die Figur der Anna selbdritt – wohl aus dem Umfeld des oberschwäbischen Schnitzers Jörg Lederer – repräsentiert auf einem gegenüber den Meistern der Zeit etwas derberem Niveau die deutsche Schnitzkunst der Spätgotik. Hier kommen weniger anatomische Kenntnisse und proportionale Genauigkeit zum Tragen als vielmehr der lineare Reichtum ornamentaler Faltenmassen. Der Typus der Anna selbdritt – also Mutter Anna, Tochter Maria und Jesus – war vor allem in der Zeit um 1500 weit verbreitet.

Demgegenüber verkörpert der in Elfenbein vollrund auf das Differenzierteste geschnitzte Christus einen von Michelangelo geprägten, anatomisch exakt beherrschten und wissenschaftlich erforschten Typus.

114 Christus

Venedig, Francesco Terilli da Feltre, um 1600.
Elfenbein, vollrund geschnitzt. Beide Arme und Dornenkrone ergänzt.
H. 32 cm, B. 30 cm
15.000,– bis 25.000,–

*

Ergänzungen wirken wertmindernd.

115 Zwei Engelsputten

Schwaben, Mitte 18. Jh.
Lindenholz, gefaßt.
H. ca. 65 cm
Je 6.000,– bis 15.000,–

*

Künstlerische Qualität und Erhaltungszustand bestimmen den Preis.

116 Engelpaar

Nordbaden, Paul Egell (Umkreis), um 1750.
Holz mit weitgehender Originalfassung.
H. 60 cm
Zus. 40.000,– bis 60.000,–

Putten waren als Mischwesen aus christlichen Engelswesen und heidnischen Amoretten vor allem im frivolen Zeitalter des Rokoko überaus beliebt. Aus ihrem ursprünglichen Ensemblezusammenhang herausgerissen, finden wir sie im Handel nicht selten als Einzelstück oder wie hier als Paar. Barockengel, süße Putten – am liebsten paarweise – sind heiß begehrt.

Leider passiert es immer wieder, daß aus Kirchen – vornehmlich in Süddeutschland und Österreich, in letzter Zeit auch verstärkt in Polen und Böhmen – Putten geraubt werden und dabei häufig genug auch noch weiterer Schaden angerichtet wird.

Aus diesem Grund sollten Sie solche Figuren nur im seriösen Kunst- und Auktionshandel erwerben und bei »besonders günstigen Angeboten« äußerst mißtrauisch reagieren.

Plastik

117 Hengst

Isidore Bonheur (1827–1901),
letztes Viertel 19. Jh.
Bronze.
H. 69,5 cm
30.000,– bis 50.000,–

Die beiden Statuen repräsentieren den hohen technischen und künstlerischen Standard der französischen akademischen Kunst in der zweiten Hälfte des 19. Jahrhunderts. Dies gilt sowohl für die darstellerische Beherrschung von Anatomie und Stofflichkeit wie für die handwerkliche Verarbeitung von Elfenbein und Bronze.

Bei der Technik der weiblichen Statuette, von der es im Art déco zu einer heute wieder stark beachteten Fortsetzung kommen sollte, handelt es sich um das handwerklich sehr aufwendige Chryselephantin. Diese Verbindung von Bronze (oder Gold) und Elfenbein ist uns schon aus der griechischen Antike überliefert. In einer solchen Kombinationstechnik gefertigte Statuen sind in der Regel kostbarer als solche aus jeweils einem Material, weil die exakte Anpassung der Teile große Schwierigkeiten bereitet.

Bei den Elfenbeinteilen ist darauf zu achten, daß sie keine den Gesamteindruck entstellenden Sprünge oder Verfärbungen aufweisen, da diese stark wertmindernd wirken.

118 »Die Natur enthüllt sich vor der Wissenschaft«

Louis Ernst Barrias (1841–1905),
Ende 19. Jh.
Bronze und Elfenbein.
H. 43 cm
Liebhaberpreis

Plastik

119 »Couple les Acrobates II«

Diego Giacometti (1902–1985), um 1957.
Bronze mit kupfergrüner Patina.
H. 33,5 cm, B. 23,4 cm, T. 9 cm
25.000,– bis 40.000,–

*

Ein entsprechendes Werk des berühmteren Bruders würde ein Vielfaches kosten.

Der Bruder des berühmten Alberto Giacometti, der vor allem durch seine spindeldürren, stark gelängten Figuren weltberühmt wurde, zeigt hier einen trotz aller Ähnlichkeit mit seinem Bruder durchaus eigenständigen Stil. Seine ebenfalls verdünnten Figuren sind teilweise zeichenhaft stilisiert, aber trotz ihrer Vereinfachung und formalen Eigenmächtigkeit von einer spontanen Lebendigkeit.

Die neue tschechische Glasbewegung verkörpert das Objekt von Ivo Rozsypal, in dem virtuose handwerkliche Beherrschung des Werkstoffes mit elegantem Design Hand in Hand gehen.

120 Glasobjekt

Ivo Rozsypal (Entwurf und Ausführung), 1985.
Farbloses, schwarzviolettes, rotes und opak weißes, partiell blasiges Glas, geschliffen, poliert, geklebt und zusammengeschmolzen.
H. 24,5 cm
1.500,– bis 3.000,–

*

Bildwerke wenig bekannter Künstler liegen meist im vierstelligen Bereich.

Porzellan

Porzellan gehört zu den beliebtesten Sammelgebieten überhaupt, denn bis heute hat das »Weiße Gold« nichts von seiner Kostbarkeit und Faszination verloren. Es ist eine der Erfindungen, die nicht im Abendland aus der Taufe gehoben wurden, daher war man jahrhundertelang auf Importe aus Fernost angewiesen. Anders als bei Gold und Silber ist es bei Porzellan nicht das Material selbst – eine Mischung aus Quarz, Feldspat und Kaolinerde –, das seinen Reiz ausmacht, sondern es ist die Kunst und die Sorgfalt, die von Menschenhand darauf verwandt wird.

Die heiß ersehnte Nacherfindung des Porzellans glückte Johann Friedrich Böttger in Zusammenarbeit mit Ehrenfried Walter von Tschirnhaus 1708 in Meißen. Und wenn auch zahlreiche andere Manufakturen in der Nachfolge Meißens mit mehr oder weniger großem Erfolg Porzellan produzierten, so nimmt Meißen doch bis heute – national und international – den Spitzenplatz in der Wertschätzung der Sammler ein.

Fälschungen

Gerade beim Porzellan sind viele – auch potentielle Sammler – wegen der vermeintlichen Vielzahl von Fälschungen verunsichert. Aber niemand sollte sich deshalb vom Kaufen oder Sammeln abhalten lassen. Meist genügt es, einige grundsätzliche Hinweise zu beachten, um nicht »auf die Nase zu fallen«. Dabei muß man zwischen drei grundlegenden Kategorien von gefälschtem oder minderwertigem Porzellan unterscheiden:

1. Fälschungen im eigentlichen Sinne. Diese Stücke werden entweder neu angefertigt, oder es wird durch Manipulationen an der Porzellanmarke oder der Bemalung versucht, den Eindruck eines höherwertigen Stükkes zu erwecken.
Solche Fälschungen sind heutzutage relativ selten und lohnen wegen des hohen Aufwandes nur bei wirklich teuren Stücken.
2. Restaurierungen, Ergänzungen und generell schlechter Erhaltungszustand. Hier erhält der Käufer zwar ein Original, doch eine Restaurierung mindert den Wert erheblich.
3. Imitationen und spätere Ausformungen. Porzellane wurden schon immer kopiert oder nachgeahmt. Außerdem produzieren noch heute zahlreiche Manufakturen Porzellan nach alten Modellen, allerdings nicht in betrügerischer Absicht. Für die Preisbewertung ist es jedoch entscheidend, ob eine Kändlerfigur Mitte des 18. Jahrhunderts oder erst im 19. oder gar 20. Jahrhundert ausgeformt wurde.

Porzellanmarken

Das scheinbar naheliegendste Bestimmungsmerkmal für Porzellan ist dessen Marke. Aber ein relativ großer Teil der Porzellanmarken – vor allem der kleineren Manufakturen – will zumindest den Eindruck erwecken, daß das jeweilige Stück von einer der bedeutenden Manufakturen – vor allem Meißen, Sèvres oder Wien – stammt, z.B. dadurch, daß man statt der gekreuzten Schwerter ähnlich aussehende gekreuzte Heugabeln verwendet.

Daher sollten Sie immer prüfen, ob Marke und Produkt zusammenpassen: Ist das Material typisch für die Manufaktur? Paßt der Stil des Geschirrs oder der Figur zur dort üblichen Produktion? Sind Ikonographie und Sujet typisch? Stimmen alle diese Merkmale mit der Marke überein?

Preisbestimmende Faktoren:

- **Alter:** Frühe Porzellane (erste Hälfte 18. Jahrhundert) erzielen höchste Preise.
- **Künstlerische Bedeutung:** Kändler (Meißen) und Bustelli (Nymphenburg) gelten als die bedeutendsten Porzellanmodelleure.
- **Qualität der Bemalung:** Frühe Hoeroldt-Malereien oder auch die kunsthandwerklich überragenden Techniken des 19. Jahrhunderts sind sehr begehrt.
- **Zustand:** Beschädigungen, Reparaturen – selbst wenn sie nicht zu sehen sind – wirken sich stark preismindernd aus.
- **Seltenheit:** Neben den großen Manufakturen sind auch Geschirre und Figuren kleinerer Manufakturen des 18. Jahrhunderts gesucht, die teilweise nicht sehr lange produzierten und daher entsprechend selten sind.

Porzellan

121 Tasse mit Untertasse

Meißen, um 1725/30.
Porzellan. Chinoiserien, Goldspitzendekor.
15.000,– bis 20.000,–

✻

Achten Sie immer darauf, ob Tasse und Untertasse auch wirklich zusammengehören!

Charakteristisch für Meißener Dekore der 20er und frühen 30er Jahre des 18. Jahrhunderts sind die Chinoiserien (linke Abb.), eine Erfindung des für Meißen immens bedeutenden Porzellanmalers Johann Gregorius Hoeroldt (1696–1775). Dargestellt werden Szenen aus dem Leben der Chinesen, wie man es sich in Europa damals vorstellte: müßiggängerisch, heiter und sehr kultiviert.

Nach einem Preisverzeichnis von 1731 gehörten Stücke mit sogenannten Fondfarben (rechte Abb.) zu den teuersten Porzellanen überhaupt. Ihre Entwicklung erfolgte auf ausdrücklichen Wunsch August des Starken, der die verschiedenfarbig gehaltenen Säle im oberen Geschoß seines Japanischen Palais mit farblich entsprechendem Porzellan ausstatten lassen wollte.

122 Deckelvase

Meißen, um 1735.
Porzellan. Im gelbem Fond ausgesparte Reserven mit Chinoiserien. AR-Marke.
H. 30 cm
90.000,– bis 120.000,–

✻

Im 19. Jh. wurden zahlreiche Porzellane mit AR-Marke (AR = Augustus Rex = August der Starke) gefälscht.

Porzellan

123 Kaffee- und Teeservice

Meißen, um 1750.
Für sechs Personen.
Porzellan. Blumenmalerei in Purpurcamaieu.
40.000,– bis 70.000,–

∗

Originale Rokoko-Service liegen preislich meist im fünfstelligen Preisbereich.

124 Kaffee- und Teeservice

Meißen, Marcolini-Zeit, um 1780.
Für fünf Personen.
Porzellan. Blumenmalerei.
30.000,– bis 50.000,–

∗

Komplettheit und Erhaltungszustand bestimmen den Preis.

Die Blumenmalerei sollte zu einem Meißener Markenzeichen werden. Man denke nur an die Meißener Rose oder das Streublümchenmuster.

Während des dritten Viertels des 18. Jahrhunderts entwickelten sich die sogenannten Manierblumen, meist sehr locker und effektvoll gemalte Blüten (Abb. oben). Dabei wirken viele Blumen zwar vertraut, lassen sich aber botanisch nicht genau zuordnen. Diese schwungvolle Malerei unterwarf sich während des Klassizismus einer mehr akademischen Formenstrenge. Nach dem damaligen Direktor der Manufaktur spricht man auch von »Marcolini-Blumenmalerei«. Ebenfalls klassizistisch inspiriert sind die für das letzte Viertel des 18. Jahrhunderts charakteristischen eckigen Henkel (Abb. unten).

125 Der Kuß

Meißen, Mitte 18. Jh., Modell von J. J. Kändler 1746.
Taxa Januar 1746: »1 neues Grouppgen, wie eine wohlbekleidete Dame einem Cavalier auf der Schooß sitzt und sich miteinander küssen, auf gehörige Weise zerschnitten etc.«
H. 11,6 cm
25.000,– bis 40.000,–

*
Eine zierliche, eher einfache Figurengruppe

126 Kavalier und Dame

Meißen, 19. Jh., Modell von J. J. Kändler Mitte 18. Jh.
8.000,– bis 15.000,–

*
Von dieser Figurengruppe existieren nur relativ wenige Ausformungen aus dem 18. Jahrhundert.

Kändlerfiguren erweisen sich auch im 19. Jahrhundert noch als der große Renner, und Meißen exportierte geradezu Unmengen von Geschirren und Figuren, vor allem nach England und Amerika.

Und obwohl die Figuren natürlich noch immer originalgetreu abgeformt wurden, zeigen doch die kalte Perfektion der Glasur, die Bemalung und die Bossierarbeit den Stil der tatsächlichen Entstehungszeit.

Die obere Gruppe mit originaler Bemalung stammt aus der Kändlerzeit. Die untere dagegen wurde im 19. Jahrhundert nach einem Modell des 18. Jahrhunderts gefertigt. Unter anderem am Blumenmuster beider Röcke sieht man den Unterschied: Oben wurde versucht, die Blumen entsprechend dem Faltenwurf mit Überschneidungen usw. aufzumalen. Im 19. Jahrhundert wurden die Blumen dagegen sehr präzise gemalt und in möglichst regelmäßigen Abständen ohne Rücksicht auf die Gewandfalten plaziert.

Porzellan

127 Tête-à-tête

Meißen, zweite Hälfte 19. Jh.
Kanne, Milchkanne, Zuckerdeckeldose, zwei Tassen mit Untertassen und ovales Tablett.
Porzellan. Watteauszenen in Purpurmosaik und Goldrocaillen.
15.000,– bis 25.000,–

*

Beim Porzellan sind auch die Stilnachahmungen des 19. Jahrhunderts sehr begehrt, vor allem, wenn sie so gut gemacht sind wie hier.

Das links abgebildete Service ist ein anschauliches Dokument der Begeisterung des 19. Jahrhunderts für das schon über hundert Jahre zurückliegende Rokoko. Es läßt sich sogar konstatieren, daß im 19. Jahrhundert weit mehr »Rokoko«-Porzellan hergestellt wurde als während des Rokoko selbst. Dies allein schon aufgrund der rationalisierten Herstellung, die nun wesentlich breiteren Kreisen das früher unbezahlbare Porzellan erschwinglich machte.

Der größte Erfolg des bedeutenden Meißener Modelleurs E. A. Leuteritz war die Schlangenhenkelvase (Abb. rechts), die mit einer Vielzahl von Dekoren angeboten wurde und heutzutage häufig im Handel auftaucht.

128 Schlangenhenkelvase

Meißen, zweite Hälfte 19. Jh., Modell von E. A. Leuteritz 1861.
Porzellan. Blumenmalerei.
H. ca. 48 cm
8.000,– bis 15.000,–

*

Eines der erfolgreichsten Vasenmodelle Meißens in der zweiten Hälfte des 19. Jahrhunderts.

Porzellan

129 Speiseservice

Meißen, um 1900.
Zwölf Speiseteller, zwölf Suppenteller, zwölf große Dessertteller, zwölf kleine Dessertteller, Paar große Viereckschalen, Paar Ovalschalen, Paar Rundschalen, Paar Ovalplatten, Paar Saucieren, Paar Salznäpfe, große ovale Deckelterrine. Porzellan. Form Neuer Ausschnitt. Purpurbuketts und Streublumen, Ziervergoldung.
25.000,– bis 40.000,–

*

Alte Speiseservice sind häufig günstiger als entsprechende neue.

130 Speiseservice

KPM Berlin, zum Teil 1914–18.
24 Speiseteller, zwölf Suppenteller, 24 Dessertteller, zwölf kleine Dessertteller, zwei Viereckschüsseln, zwei Viereckschalen, zwei Blattschalen, Rundplatte, drei Ovalplatten, Sauciere mit Soßenlöffel, große runde Deckelterrine, zwölf Tassen mit Untertassen.
Porzellan. Blumendekor, Ziervergoldung.
40.000,– bis 70.000,–

*

Solche Service können Sie – mit aller Vorsicht – auch heute noch benutzen.

Im Laufe des 19. Jahrhunderts setzte sich Porzellan – neben dem preisgünstigeren Steingut – als gebräuchliches Material für Speiseservice durch. Das einfachste Gebrauchsgeschirr war weiß und völlig undekoriert, währenddessen gutbürgerliche Variante das Zwiebelmustergeschirr wurde. Meist besonderen Gelegenheiten vorbehalten war das »gute Porzellan«, das häufig – wie hier auf den beiden Abbildungen zu erkennen – mit einem Blümchendekor und zarter Goldverzierung versehen war. Bis zum Jugendstil wurden praktisch keine neuen Geschirrformen entwickelt, sondern die im 18. Jahrhundert entstandenen Formen und Dekore – mit gewissen Varianten, Vereinfachungen oder leicht »aufgepeppt« – produziert.

131 »Schinkelkörbe«

KPM Berlin, Modell der Fruchtkörbe von Karl Friedrich Schinkel um 1820. Porzellan. Farbige Aufglasurmalerei.
Paar 25.000,– bis 35.000,–

✳

Klassizistische Porzellane aus Berlin sind zur Zeit sehr gefragt.

132 Porzellanbild

KPM Berlin, datiert 1856, signiert H. Schweizer.
Porzellan, vergoldeter Rahmen.
H. 29 cm, B. 34 cm
15.000,– bis 25.000,–

✳

Neben dem Motiv wirkt sich hier die handwerkliche Qualität auf den Preis aus.

Neben Meißen entwickelte sich Ende des 18. und vor allem im 19. Jahrhundert die KPM Berlin zu einer bedeutenden Porzellanmanufaktur. Besonders gefragt sind momentan die klassizistischen KPM-Porzellane, wie etwa die beiden streng-eleganten Fruchtkörbe nach einem Entwurf des berühmten Berliner Architekten Karl Friedrich Schinkel (1781 – 1841).

Vor allem technische Virtuosität wurde in der Porzellankunst des vergangen Jahrhunderts angestrebt. Ein Beleg dafür sind die damals sehr beliebten Porzellanbilder, mit denen man teilweise sogar versuchte, berühmte Meisterwerke zu kopieren. Da die Farben nach dem Brand einen häufig stark veränderten Farbton aufweisen, erfordert eine derartige Porzellanmalerei, bei der es auf Nuancen ankommt, vom Maler höchstes Können und viel Erfahrung.

Porzellan

133 Kaffee- und Teeservice sowie Potpourrivase

Fürstenberg, 18. Jh.
Porzellan. Blumenmalerei.
Service 25.000,– bis 35.000,–
Vase 6.000,– bis 8.000,–

134 Perlservice

Nymphenburg, 20. Jh.,
Modell von Dominikus Auliczek d. Ä., 1790er Jahre.
78 Teile. Porzellan.
Reliefdekor:
Akanthus und Perlschnur.
Bemalung mit Architektur und Landschaften in und um München sowie Schloßansichten in Grisaille.
70.000,– bis 100.000,–

Die Manufaktur Fürstenberg wurde 1753 gegründet und besteht noch heute. Im 18. Jahrhundert fertigte man dort u.a. zahlreiche Geschirre nach Meißener Vorbildern. Mit Muschelgriffen versehene Deckelvasen wie die der oberen Abbildung waren eine Spezialität Fürstenbergs.

Die Nymphenburger Manufaktur wurde zwar bereits 1747 gegründet, war aber erst ab 1753 in der Lage, Porzellan zu produzieren. Als vielleicht bedeutendster Porzellankünstler aller Zeiten war dort von 1754 bis 1763 Franz Anton Bustelli tätig. Nach einem Entwurf seines Nachfolgers Dominikus Auliczek entstand gegen Ende des Jahrhunderts das berühmte klassizistische Perlservice, benannt nach den charakteristischen, am Rand aufgesetzten perlenartigen Kugeln.

Als sogenanntes »Bayerisches Königsservice« war es bis in unser Jahrhundert dem bayerischen Königshaus vorbehalten.

Porzellan

135 Figuren

Die Schneiderin auf dem Ziegenbock oder Satire auf das Schneiderhandwerk (Mitte),
sitzende Wirtsleute (links und rechts).
Ludwigsburg, 18. Jh.
Porzellan.
H. 13 cm/20,5 cm
Je 8.000,– bis 18.000,–

✳

Rokokofiguren beginnen preislich bei etwa tausend Mark.

136 Kaffee- und Teeservice

Fulda, 1788–89.
16teilig. Porzellan.
Polychrome Malerei.
20.000,– bis 30.000,–

Die Manufaktur Ludwigsburg wurde 1758 gegründet, und zwar vom württembergischen Herzog Carl Eugen, von dem der vielzitierte Ausspruch stammt, daß er eine Porzellanmanufaktur »als notwendiges Attribut des Glanzes und der Würde« betrachte. Die Manufaktur bestand bis 1824. 1947 wurde sie wiederbegründet und pflegt bis heute die Tradition handbemalten Porzellans.

Fulda bestand nur von 1764 bis 1789, produzierte jedoch während dieser Zeit makellos schönes Porzellan von sahnig-weiße Farbe, wie es das unten abgebildete Service überzeugend demonstriert. Zur hervorragenden technischen Qualität Fuldaer Porzellans trugen heimische Kaolinlager bei, die den so dringend benötigten Rohstoff lieferten.

Postkarten

Postkarten sind trotz ihres relativ einheitlichen Formats ein sehr buntes und unterschiedlichste Interessensbereiche ansprechendes Sammelgebiet. Als Medium ist die Postkarte durchaus »antik« zu nennen, da sie bereits 1869 in Österreich aus der Taufe gehoben wurde.

Der eigentliche Boom der Bildkarte setzte aber erst vor ziemlich exakt hundert Jahren ein und sprengte sogleich jegliche Vorstellungskraft. Es ist heute nicht einmal annäherungsweise möglich, sich auszumalen, wieviele Milliarden an Bildpostkarten seit 1895 vor allem in Deutschland gefertigt wurden. Übrigens wurde nur ein Teil der Karten auch wirklich verschickt, der andere Teil wurde schon damals gesammelt!

Einen wichtigen Bereich des Postkartensammelns stellt die Ansichtskarte dar. Doch sind es hierbei nicht die damals in großen Auflagen hergestellten Ansichten der bedeutenden Touristenzentren und großen Städte, sondern die simplen und nur für den »Hausgebrauch« produzierten Ansichten kleiner Orte, die heute regionalistisch und heimatpflegerisch ausgerichtete Sammlerherzen höher schlagen lassen.

Neben der gebrauchsgraphischen Massenware gab es immer wieder bedeutende Künstler, vor allem im Zeitalter des Jugendstil und später des aufkommenden Graphikdesign, die sich der Postkarte bedienten. Am bedeutendsten ist hier sicherlich die über tausend Nummern umfassende Postkartenedition der Wiener Werkstätte.

Technik

Die Zeit der Entwicklung der Postkarte als Massenmedium fiel mit einer stürmischen Entwicklung der Drucktechniken zusammen. In den ersten Jahrzehnten spielte hierbei die Chromolithographie mit ihrem handwerklich recht anspruchsvollen Verfahren die Hauptrolle. Die Karten wurden sehr aufwendig gedruckt und teilweise mit Prägungen und Applikationen – Stoffe, Flitter etc. – versehen. Zur Wiedergabe von Fotos wurde häufig der Lichtdruck verwendet, ein Flachdruckverfahren, das an seinem unregelmäßigen »Runzelkorn« zu erkennen ist.

Daneben wurden echte Fotokarten, die nicht selten per Hand koloriert waren, in mehr oder weniger großen Auflagen hergestellt. Auch frühe Formen des Rasterdrucks spielten eine zunehmend wichtiger werdende Rolle. Die große Zeit der Postkarte ging spätestens mit dem Ersten Weltkrieg zu Ende.

Preisbestimmende Faktoren:

- Künstlerischer Wert: Bedeutender Künstler oder hervorragende graphische Gestaltung.
- Dokumentarischer Wert.
- Topographische Seltenheit: Ansichtskarten kleiner Orte sind seltener als die typischen Touristenziele.
- Erhaltungszustand.
- Originalität.

Postkarten als Sammelthema

Der Sammlerboom bei Postkarten begann in den 70er Jahren, als Philatelisten entdeckten, daß auch die Rückseite – eigentlich die Hauptseite – der Karten interessant war. Seitdem haben sich viele Spezialsammelbereiche entwickelt, etwa das Gebiet der erotischen Postkarten, der Werbepostkarten, alle Arten von themenbezogenen Karten, angefangen von technischen Geräten, Volksbelustigungen, bis hin zu Postkarten als historischen Dokumenten.

Inzwischen hat sich der Markt differenziert. Die Preise reichen von einer Mark für einfache und ramponierte Massenkarten bis hin zu über 10.000 Mark für eine Karte aus der Bauhauszeit von Paul Klee, wobei diese Preise schon eher dem Kunstbereich zuzuordnen sind.

Das Gros der etwas besseren Karten bewegt sich preislich zwischen 10 und 50 DM.

Erhaltungszustand

Viele frühen Exemplare waren auf der Abbildungsseite beschrieben, weil die andere Seite in Deutschland bis 1905 exklusiv der Adresse vorbehalten war und erst nach 1905 geteilt wurde. Je nach Erhaltung wird der Zustand in gut, mittel oder schlecht eingeteilt. Ein guter Erhaltungszustand liegt vor, wenn die Karte materiell unbeschädigt ist, keine Knicke, Flecken oder Kratzer aufweist, nicht beschrieben und das Papier nicht vergilbt ist.

137 Postkarte

Frankreich, Alfons Mucha, um 1900.
Banquet Menu R 5.
Chromolithographie.
200,– bis 400,–

138 Postkarte

Rußland, Raphael Kirchner, um 1900.
Chromolithographie.
100,– bis 150,–

Den tschechischen Graphiker und Maler Alfons Mucha (1860 bis 1939) machten vor allem seine großformatigen Plakate für die damals sehr populäre Theaterschauspielerin Sarah Bernhardt weltberühmt und inspirierten zahlreiche Nachahmer. Noch heute ist er einer der bekanntesten Jugendstilkünstler überhaupt.

Seine graphischen Entwürfe, etwa für die Firma Job, wurden auch im neuen Medium der Postkarte herausgegeben, wobei die Darstellung häufig einen großen Teil der Karte zum Beschreiben frei ließ.

Der aus Österreich stammende Raphael Kirchner war demgegenüber ein stärker auf das Medium der Postkarte beschränkter Entwerfer, von dem zahlreiche, z.T. sehr verschiedenartig gestaltete Karten erhalten sind. Fast immer tauchen auf ihnen jedoch jene an das präraphaelitische Frauenideal erinnernde, allerdings ins Süßlich-Kindliche gewendete Mädchen auf, und es dominiert eine eigene, schwüle Erotik.

139 Postkarte

Simplicissimus-Karte, Serie VI, No. 5.,
Ferdinand von Reznicek, um 1905.
Rastertiefdruck.
20,– bis 30,–

✻

Die Beschädigungen der abgebildeten Karte (Knicke, Flecken, Bräunung durch Lichteinwirkung) bewirken eine Wertminderung auf 5,–.

140 Postkarte

Wiener Werkstätte, Nr. 558,
Maria Likarz, um 1909.
Chromolithographie.
500,– bis 600,–

✻

Aufgrund der beschädigten »runden« Ecken wird das abgebildete Exemplar nur mit etwa 250,– bewertet.

Der 1896 gegründete »Simplicissimus« bedeutete in Deutschland die Etablierung eines großformatigen, mit neuem stilistischen Schwung operierenden Satiremagazin. Der Mann fürs Pikante war der leider früh verstorbene F. von Reznicek (1868–1909), der einen ganz eigenen, unverwechselbaren Frauentypus aus der Halbwelt in immer neuen und gleichbleibend doppeldeutigen Situationen präsentierte.

Die Postkarten der Wiener Werkstätte stellten jahrelang das Nonplusultra der Postkartensammler dar, mit entsprechend hohen Preisbewertungen. Die zunächst sehr eigenwilligen Entwürfe – etwa des jungen Kokoschka – mäßigten sich im Laufe der Zeit der auf über 1.000 Nummern anwachsenden Serie in Richtung des modisch Gefälligen. Die Auflage dieser Karten wird auf jeweils etwa 400 bis 1.000 geschätzt.

Postkarten

Winke, winke, mein Mäuschen!

141 Postkarte

»Internationale Automobil- und Motorrad-Ausstellung Berlin 1939«.
Deutschland, 1939.
Rasterdruck.
40,– bis 60,–

*

Postkarten aus der Zeit des Nationalsozialismus sind als historische Dokumente sehr gesucht.

In den 30er Jahren gewann das Auto sowohl als Massenverkehrsmittel wie auch als Sportgerät an Bedeutung. Und der propagandabewußte NS-Staat wußte sich der Suggestionen des Autos und der Siegesserie der sogenannten »Silberpfeile« publikumswirksam zu bedienen.

Auch auf dem Postkartensektor trat die Micky Maus ihren Siegeszug bereits in den 30er Jahren an. Erst in den 50er Jahren begann sie langsam von der nicht weniger berühmten Ente Donald in der Publikumsgunst und damit auch auf den Postkarten verdrängt zu werden.

142 Postkarte

»Micky und Minnie«
Großbritannien, Inter-Art Company,
Anfang 1930er Jahre.
50,– bis 100,–

*

Diese Karten wurden in England gedruckt und mit deutschen Bildunterschriften nach Deutschland exportiert.

Schmuck

Schmuck wird im Kunst- und Antiquitätenhandel unter verschiedenen Aspekten angeboten. Neben antikem Schmuck als Beleg höchster Handwerkskunst und gekonnter Gestaltung spielt der reine Materialwert eine große Rolle. Das wird besonders dann deutlich, wenn bei Christie's oder Sotheby's, meist in der Schweiz, die bedeutenden Auktionen stattfinden, bei denen Lupenreinheit und Hochkarätigkeit – in eigentlichen Sinne – der Objekte an vorderster Stelle stehen. Edelsteine werden hier zwar im Rahmen von Kunstauktionen versteigert, aber es überwiegt doch der Eindruck, daß es primär um den Materialwert der Objekte geht.

Schmuck und Pretiosen wurden schon immer auch unter dem Aspekt des Material- und Anlagewerts erworben. Daher finden sich heutzutage auf Auktionen neben wirklich antikem Schmuck auch Stücke, die erst wenige Jahre oder Jahrzehnte alt sind und bei denen weniger der »künstlerische« Wert als vielmehr die Kostbarkeit der verwendeten Perlen oder Edelsteine die Hauptrolle spielt.

Der im Kunsthandel angebotene Schmuck stammt meist aus dem 19. und 20. Jahrhundert. Stücke aus dem 18. Jahrhundert sind relativ selten, und noch ältere kommen fast gar nicht vor. Das hängt damit zusammen, daß Schmuck permanent umgearbeitet wurde, vor allem dann, wenn kostbare Edelsteine Verwendung fanden.

Generell läßt sich sagen, daß sich bei gleichem Materialwert die Anschaffung von antikem oder zumindest gebrauchtem Schmuck eher lohnt als die neuen Schmucks.

Diamanten und Brillanten

Teuerster Edelstein ist der Diamant. Daher spielt er im Schmuckhandel eine wichtige Rolle, heutzutage meist als Brillant.

Der Schliff unterscheidet einen Diamanten von einem Brillanten. Schon im 17. Jahrhundert entwickelt, wurde der Brillantschliff, dessen 57 Facetten Glanz und Feuer des Diamanten optimal zur Geltung bringen, in unserem Jahrhundert zum Standardschliff für Diamanten. Demgegenüber weisen antike Diamanten oft einen sogenannten Altschliff auf. Dies ist jedoch kein Grund für eine prinzipielle Geringschätzung des Stückes. Entscheidend sind grundsätzlich die Qualität des Steins und die handwerkliche Perfektion des Schliffs.

Modeschmuck

Lange Zeit haftete Modeschmuck das Image von »falscher Echtheit«, Imitation und Talmi an. Doch während sich beim »echten« Schmuck der Wert nicht selten im verwendeten Material erschöpft, ist es beim Modeschmuck die oft hohe gestalterische und handwerkliche Qualität, die ihn vor allem im 20. Jahrhundert zu einem wertvollen Kunstobjekt macht.

Innerhalb der letzten ein bis zwei Jahrzehnte hat sich so aus einem Geheimtip ein populäres Sammelgebiet entwickelt.

Modeschmuck in seiner wirklichen Bedeutung versteht sich nicht als bloße Imitation echten Schmucks. Seine Gestaltung ist eigenständig, phantasievoll und orientiert sich am jeweiligen Stil der Kleidung und raschen Wechsel der Mode. Sein Wert besteht primär im guten und originellen Design und einer sorgfältigen Verarbeitung.

Die Preise sind im Steigen begriffen, aber noch ist das Angebot vielfältig und meist auch preiswert. Relativ hohe Preise werden allerdings für signierte Stücke einiger bestimmter amerikanischer Hersteller bezahlt, daneben auch für Modeschmuck aus Bakelit.

Preisbestimmende Faktoren:

- Materialwert.
- Qualität des Entwurfs, der Verarbeitung und des Steinschliffs.
- Stil: Art déco ist sehr gefragt.
- Beim Modeschmuck stehen formale Gestaltung und handwerkliche Verarbeitung im Vordergrund. Als Garanten dafür gelten bestimmte Hersteller, z.B. Trifari, Eisenberg, Boucher, Schiaparelli oder Miriam Haskell, deren Signaturen daher die Preisbewertung bestimmen.

Schmuck

143 Collier und zwei Broschen

Deutsch, zweite Hälfte 19. Jh.
Silber auf Gelbgold, Diamantrosen, Brosche in Form eines Vogels mit Smaragden und Rubinauge.
Je 4.000,– bis 10.000,–

Sicherlich spielen die Diamanten bei der Bewertung der hier abgebildeten Schmuckstücke eine wichtige Rolle. Was jedoch ihren eigentlichen Wert ausmacht, ist ihre Gestaltung und exzeptionelle Verarbeitung, vor allem der Stücke auf der rechten Abbildung. So läßt sich die Brosche »Trembleuse« in zahlreiche, völlig autarke Einzelteile zerlegen, die als Anhänger, als mehrere kleine Broschen oder als zierliche Einzelblüten im Haar getragen werden können. Die Bezeichnung »Zitterbrosche« rührt übrigens daher, daß die Blüten auf elastischen Federn befestigt sind und daher bei jeder Bewegung leicht wackeln, was das Funkeln der Diamanten noch verstärkt.

144 Armband und Brosche

Frankreich, zweite Hälfte 19. Jh.
Diamantschmuck, Silber auf Gold montiert. Brosche als »Trembleuse«, auseinandernehmbar und auch als Anhänger und Haarschmuck zu tragen.
Armband 25.000,– bis 30.000,–
Brosche 35.000,– bis 40.000,–

145 Parure

Brosche, Anhänger (miteinander kombinierbar) und Ohrringe. Italien, Mitte 19. Jh.
18 K Gold, Cire perdue (Wachsausschmelzverfahren).
Zus. 20.000,– bis 25.000,–

Ähnlich wie die Brosche auf der vorherigen Abbildung lassen sich auch die Teile der links abgebildeten Parure miteinander kombinieren und sowohl als Brosche wie als Anhänger tragen. Der Stil der wohl in Italien hergestellten Arbeit scheint stark von den Nachahmungen römischer und etruskischer Goldarbeiten beeinflußt. Diese wurden vor allem von den berühmten Goldschmieden Castellani (1793–1865) und Carlo Giuliano (gest. 1895) in Mode gebracht.

Die rechts abgebildeten Ohrringe zeichnen sich neben ihrem schlichten Design vor allem durch die ungemein subtile Emailarbeit aus, für die Limoges seit dem 12. Jahrhundert berühmt ist.

146 Ohrringe

Frankreich, Mitte 19. Jh.
18 K Gold, geflochtene Fransen, Limosiner Email.
9.000,– bis 11.000,–

✻

Winzige Kunstwerke, mit denen man sich schmücken kann.

Schmuck

147 Collier, Anhänger mit Kette, Ring, Ohrgehänge

Um 1910 (Ring und Ohrgehänge wohl später).
Platin (Collier und Anhänger mit Kette), Weiß- und Gelbgold, Altschliffdiamanten, Achtkantdiamanten, Diamantrosen, Smaragd usw.
Je 7.000,– bis 12.000,–
Ring: 10.000,– bis 16.000,–

148 Collier und Armband, Brosche

Deutsch, um 1900.
Korallen, Brosche mit Achtkant-Diamantbesatz.
Collier und Armband zus. 3.000,– bis 5.000,–
Brosche 1.500,– bis 3.000,–

Zur Schmuckverarbeitung werden Edelkorallen verwendet, die außer in tropischen Gewässern auch im Mittelmeer vorkommen. Ihre Farbpalette reicht von Weiß über Blaßrosa und Rot bis zu Dunkelrot. In der Karibik gibt es sogar schwarze Korallen. Am beliebtesten sind die orangeroten, wie man sie im Mittelmeer und dort vor allem vor Neapel findet (oder – angesichts der Meeresverschmutzung – fand). Sie werden, wie hier zu sehen, meist zu Kugeln geschliffen, oder man fädelt die Korallenzweige auf.

149 Armbänder

Berlin, Siméon Pierre Devaranne und Johann Conrad Geiss (zweites Armband von unten), um 1820/30.
Eisenguß.
Je 3.000,– bis 4.000,–

150 Pelznadel

USA, »Eisenberg Original«, um 1935/40.
Metall, Swarovski-Kristallsteine.
H. 6 cm
800,– bis 1.200,–

*

Eisenberg-Broschen gehören zu den gesuchtesten Stücken im Bereich Modeschmuck. Vor allem großformatige Broschen in Sterlingsilber vom Anfang der 40er Jahre können über 3.000,– kosten.

Ein typisches Modephänomen der ersten Hälfte des 19. Jahrhunderts war der Berliner Eisenschmuck – also Schmuck aus Eisenguß –, der sowohl in Berlin selbst als auch in Gleiwitz in Schlesien hergestellt wurde. Interessant ist die bereits konsequente industrielle Fertigung dieser Schmuckstücke, bei der etwa die einzelnen Glieder der Armbänder als »Versatzstücke« in immer neuen Kombinationen verwendet wurden.

Straßschmuck wurde schon seit dem 18. Jahrhundert hergestellt. Besonders für ihre groß dimensionierten Straßbroschen bekannt ist die mit »Eisenberg« gekennzeichnete Produktion der amerikanischen Firma.

151 Broschen

USA, Trifari, 1941/45.
Sterlingsilber, vergoldet, Lucite (Fisch), Kristallsteine.
**Je 1.000,– bis 1.500,–
Fisch 1.600,– bis 2.100,–**

*

Trifari gilt als die klassische Modeschmuckfirma schlechthin.

Der sicherlich berühmteste Hersteller von Modeschmuck im 20. Jahrhundert ist die amerikanische Firma Trifari, die bis heute tätig ist. Trifari-Schmuck zeichnet sich durch kontinuierlich sehr hohe handwerkliche Qualität aus. Vor allem die 30er und 40er Jahre, denen die links abgebildeten Stücke entstammen, sind durch herrlich originelle Entwürfe gekennzeichnet. Geradezu legendär sind die »Jelly belly« genannten Broschen (hier der obere Fisch) mit ihrem klarsichtigen Körper aus Lucite (Plexiglas).

Die rechte Brosche in Form eines Vogel Strauß stammt von Elsa Schiaparelli (1890–1973), der berühmten Modeschöpferin und großen Konkurrentin Chanels. Legendär sind vor allem ihre surrealistisch inspirierten Modeschmuckentwürfe der 30er Jahre.

152 Brosche

In Form eines Vogel Strauß.
USA, Schiaparelli, 1950er Jahre.
Perlmuttartiger Körper, Straßsteine, teilweise irisierend.
1.300,– bis 1.500,–

*

Modeschmuck von Elsa Schiaparelli ist meist ausgesprochen orginell gestaltet, sehr gut verarbeitet und ziemlich teuer.

Silber

Schon seit Jahrhunderten stellt Silber ein beliebtes Sammelgebiet dar, ermöglicht das Material doch nicht nur die Herstellung von Kunst- und Dekorationsobjekten, sondern auch von Gebrauchsgerät wie Kannen, Bestecke usw. Generell stagnieren jedoch momentan die Preise für Gebrauchssilber, vor allem wegen des sinkenden Silberpreises. Daher hat das »Familiensilber« seine einstige Bedeutung als Geldanlage und »Notpfennig« etwas eingebüßt.

Während die exquisiten Sammel- und Vitrinenobjekte noch immer hohe Preise erzielen, wird Gebrauchssilber aus dem späten 19. und dem 20. Jahrhundert häufig genug – vor allem auf Auktionen – rein nach Gewicht zum bloßen Materialwert verkauft. Hier lassen sich beispielsweise sehr schöne Bestecke oder kleinere Objekte zu günstigeren Preisen als entsprechende neue Gegenstände erwerben.

Bei älterem Silber oder Objekten, bei denen der künstlerische und kunsthandwerkliche Wert weit über dem materiellen liegt, spielen die aktuellen Silberpreise natürlich praktisch keine Rolle.

Marken

Alle Silbergegenstände werden bereits seit Jahrhunderten mit Marken gekennzeichnet, und zwar üblicherweise mit dem Beschauzeichen und der Meistermarke. Häufig kommen noch Zeichen für den Feingehalt sowie Jahresmarken und Steuerzeichen hinzu.

Selbstverständlich wurden und werden Marken auch gefälscht. Daher sollte jeder Silberstempel nur als Datierung- und Zuschreibungshilfe gewertet werden, und man sollte immer prüfen, ob Stil, Material und Stempel überhaupt zusammenpassen. Dabei ist allerdings wiederum zu berücksichtigen, daß gerade bei Silberarbeiten über lange Zeit hin in tradierten Formen gearbeitet und deshalb häufig auch Gegenstände in eigentlich lang vergangenen Stilformen hergestellt wurden, vor allem, um Service zu ergänzen. Die Engländer nennen solche Objekte »out of period«.

Silberlegierungen

Je nach Herstellungsort und -land gab es unterschiedliche Vorschriften für den Feingehalt der Silberarbeiten. Seit dem Ende des 19. Jahrhunderts haben sich jedoch allgemein übliche Legierungen durchgesetzt. In Deutschland war seit der Reichsgründung 1871 vor allem 800er-Silber gebräuchlich, in angelsächsischen Ländern dagegen das als Sterlingsilber bezeichnete 925er- oder sogar 950er-Silber.

Plated silver

Vor allem englische Silberwaren sind häufig nicht aus massivem Silber hergestellt, sondern nur versilbert. Das Verfahren, Silberfolie auf Kupfer zu walzen, war 1743 im englischen Sheffield erfunden worden. Mitte des 19. Jahrhunderts wurde dieses noch relativ aufwendige Verfahren durch die Methode der bis heute üblichen elektrolytischen Galvanisierung abgelöst.

Neusilber

Hierbei handelt es sich um eine Legierung aus Kupfer, Nickel und Zinn, die auch als Alpaka, Weißkupfer oder Maillechort bezeichnet wird. Neusilber kann zumindest auf den ersten Blick täuschend echt wirken, hat aber mit Silber nichts zu tun.

Preisbestimmende Faktoren:

- Zuweisung an einen anerkannten Meister.
- Alter: je älter, desto teurer.
- Seltenheit.
- Künstlerische und handwerkliche Qualität.
- Herkunft. Arbeiten beispielsweise aus Augsburg, das mit als das bedeutendste Zentrum der Silberschmiedekunst gilt, werden sicherlich höher bewertet als solche aus einer beliebigen anderen Region.
- Originaler Erhaltungszustand. Ergänzungen, Reparaturen und Neuversilberungen mindern den Wert.
- Funktion. Teekannen sind beispielsweise sehr beliebt. Dagegen findet kirchliches Silber relativ wenige Anhänger.
- Der Materialwert (Gewicht und Feingehalt) spielt bei besonders großen oder neueren Silberarbeiten eine wichtige Rolle.

Silber

153 Deckelhumpen

Wohl Süddeutsch, zweite Hälfte 16. Jh. Silber vergoldet. Getriebener und ziselierter Dekor mit Akanthus, Rollwerk, Maskarons, Früchtefestons und verschiedenen Tieren. Wandung mit emaillierten Ovalmedaillons, emaillierte Montierung (Deckelknopf event. nicht zugehörig).
Gewicht ca. 800 g.
H. 20 cm
50.000,– bis 80.000,–

Die beiden Deckelhumpen aus dem 16. und dem 17. Jahrhundert verdeutlichen die Stilentwicklung von der Spätrenaissance zum Barock. Beim linken Humpen dominiert ein sehr dichter und plastischer Dekor mit zeittypischen Ornamentformen wie Rollwerk, dem von der Antike inspirierten Akanthusblatt und Maskarons. Dagegen weist der rechte Humpen eine großzügiger angelegte figürliche Szene auf.

Der Dekor ist größtenteils getrieben. Dazu treibt, also hämmert und dehnt, der Meister das Silberblech über eine unterlegte Form.

Charakteristisch sind die dabei entstehenden unterschiedlichen Materialstärken des Silberblechs.

154 Deckelhumpen

Augsburg, Israel Thelott, 1675/1678. Silber, teilvergoldet. Getriebener, ziselierter und punzierter Dekor mit Triton, Nereiden und Putten beim Spiel mit Delphinen.
Gewicht 1031 g.
H. 21,5 cm
40.000,– bis 60.000,–

Silber

155 Kannen und Leuchter

Ende 18./Anfang 19. Jh.
Verschiedene Kannen für Tee, Kaffee, Mokka, Sahne und Wasser; Kerzenleuchter.
Silber. Ebonisierte Holzhenkel.
Je 3.000,– bis 12.000,–

✳
Schöne alte Silberleuchter bekommt man manchmal schon für unter 1.000,–.

156 Kaffee- und Mokkakanne

Halberstadt, um 1770, Meistermarke wohl von August Friedrich Heinrich Stange.
Silber, ebonisierter Holzhenkel. Wandung mit getriebenen Rocaillen und Blütenranken, plastische Blütenbekrönung.
Gewicht 1244 g
H. 27,5 cm/18,5 cm
Zus. 30.000,– bis 40.000,–

Bei derartigen Silberobjekten, die heute zum Teil noch auf festlich gedeckten Tafeln Verwendung finden oder aber als dekorative Objekte aufgestellt werden, spielt bei der Preisbewertung weniger der Materialwert eine Rolle als vielmehr der künstlerische Entwurf und die Qualität der handwerklichen Verarbeitung.

Während die oben abgebildeten Kannen und Leuchter mit ihren klassizistisch-strengen Formen unserem heutigen Bedürfnis nach Funktionalität entgegenkommen, stellen die – wie die beiden Deckelhumpen auf der vorherigen Seite mit getriebenem Dekor versehen – Kannen unten ein schönes Beispiel für eine handwerklich ausgesprochen aufwendige Verarbeitung dar.

Silber

157 Teeservice

St. Petersburg, 1843.
Silber. Wandung mit
Monogrammgravur mit
Fürstenkrone.
Gewicht 2331 g.
10.000,– bis 15.000,–

158 Kaffee- und Teeservice

England, um 1920.
Vierteilig.
Silber plated, Holzhenkel.
1.000,– bis 1.500,–

✳

Derartige Service finden sich noch häufig im Handel, sind in massiv Silber jedoch entsprechend teurer.

Im Handel wird relativ viel russisches Silber in recht guter Qualität angeboten. Meist entstammt es dem 19. Jahrhundert und weist – wie im Fall des oben abgebildeten dreiteiligen Teeservices im Rokokostil – entsprechend historisierende Formen auf.

Unten sehen Sie dagegen ein Beispiel der eher industriell ausgerichteten Produktion Englands. Das vierteilige Teeservice in typischen Art déco-Formen ist nicht aus echtem Silber hergestellt, sondern »plated«, also nur versilbert. Versilberte Objekte sind preislich immer wesentlich günstiger als Gegenstände aus echtem Silber. In neuem Zustand unterscheiden sie sich rein äußerlich praktisch nicht. Da sich die Versilberung leicht abreiben kann und dann das Kupfer durchscheint, sind sie jedoch weniger strapazierfähig und altern nicht so »schön«.

Spielzeug und Puppen

Von vielen unbemerkt, für Insider jedoch schon lange kein Geheimnis mehr, nimmt altes Spielzeug inzwischen einen nicht nur festen, sondern sogar hochdotierten Platz in der Gunst der Sammler ein. Aus einem Randgebiet hat sich so eine bedeutende (Umsatz-)Größe im Antiquitätenhandel etabliert. Die wichtigsten Bereiche beim alten Spielzeug sind: Puppen, Teddybären und Plüschtiere, Blechspielzeug (mit Eisenbahnen und Dampfspielzeug) und Modellautos.

Puppen

Die meisten Puppen, die heute im Kunsthandel angeboten werden, stammen aus der zweiten Hälfte des 19. und den ersten Jahrzehnten des 20. Jahrhunderts. Frühere Exemplare sind relativ selten. Dafür verschiebt sich seit wenigen Jahren die Grenze der sammelwürdigen Puppen zeitlich weit ins 20. Jahrhundert hinein. Die sehr begehrten Käthe Kruse-Puppen stammen meist aus den 20er bis 50er Jahren. Daneben finden auch Zelluloidpuppen – vor allem die der Firma Schildkröt – immer mehr Liebhaber.

Ein ganz neuer, aus den USA kommender Trend ist das Sammeln von Barbiepuppen, deren Entwicklung und Outfits einen faszinierenden Überblick über den Zeitgeist der letzten 35 Jahre darstellen. Außerdem gehören zum Bereich Puppen auch Puppenhäuser und Puppenküchen sowie deren Einrichtung.

Die Preise sind in den letzten Jahren teilweise förmlich explodiert. Und von Rezession ist bislang kaum etwas zu spüren. Vor allem alte Porzellankopfpuppen sind inzwischen praktisch unbezahlbar geworden.

Teddybären und Plüschtiere

Teddybären gehören zu den meistgesammelten Objekten überhaupt, was vielleicht gar nicht so verwunderlich ist, besitzt oder besaß doch fast jedes Kind der westlichen Welt einen Teddybären.

Diese innige Liebe zum Gefährten der Kindheit wird von vielen Sammlern ins Erwachsenenleben herübergerettet. Und häufig bleibt es nicht bei einem Teddy, sondern der anrührende Blick eines Plüschbären auf einer Spielzeugbörse genügt, um den Bärenliebhaber zu dem spontanen Entschluß zu bringen: Der Bär braucht ein liebevolles Heim, und zwar meines!

Preisbestimmende Faktoren:

- Der Erhaltungszustand – am liebsten originalverpackt – ist für die Sammler von Puppen und altem Spielzeug das A und O.
- Meist gilt: je älter, desto teurer.
- Der richtige Hersteller: Spielzeug ist üblicherweise kein Unikat, sondern wird in größeren Auflagen industriell hergestellt. Wichtig sind für die Sammler Hersteller mit wahrem Kultstatus wie etwa Märklin, Käthe Kruse oder Steiff.
- Seltene Objekte erzielen meist höhere Preise als häufig vorkommende. Bei Plüschtieren führt das beispielsweise dazu, daß Spinnen oder Schlangen, die damals höchst selten als Kinderspielzeug erworben wurden und entsprechend rar sind, besonders hohe Preise erzielen.

Unter den Bärensammlern gibt es solche, die alles sammeln, was nach Plüschbär aussieht, egal, wie alt und in welchem Zustand. Andere unterscheiden dagegen nach exakten Sammelkriterien wie Zustand, Alter und Hersteller (am liebsten von Steiff!). Bären, die diese Kriterien erfüllen, erzielen Auktionsergebnisse von bis zu 150.000 Mark, die als Sensationsmeldung durch die Presse gehen.

Neben Teddybären werden auch andere Plüschfiguren gesammelt. Am begehrtesten sind auch hier die berühmten Steiff-Tiere.

Blechspielzeug und Modellautos

Im Laufe der 60er Jahre zeichnete sich das Ende der Produktion von Blechspielzeug ab. Plastikspielzeug beherrschte von da ab die Kinderzimmer. Und so dauerte es gar nicht lange, bis die ersten Sammler dem nostalgischen Reiz dieser bunt lackierten kleinen Autos, Schiffe und Flugzeuge erlagen.

Was seit über hundert Jahren kontinuierlich produziert und auch eifrig gesammelt wird, ist die gute alte Spielzeugeisenbahn. Die immense Zahl der Modelleisenbahnliebhaber und -sammler kann nur geschätzt werden. Der Name Märklin steht hier für eine ungebrochene Qualität und Tradition, und die Produkte dieser Firma sind es auch, die die höchsten Preise erzielen. Auch Modellautos werden gesammelt, angefangen von den beliebten Schuco-Autos, mit denen inzwischen schon mehrere Generationen von Kindern aufgewachsen sind, bis zum Sammeltrend der winzigen Wiking-Autos aus Plastik, die bei der jüngeren Generation Kindheitserinnerungen auslösen.

159 Puppe

Deutschland, um 1900, bez. »Armand Marseille, 390 n DRP () M. 246«. Gelenkkörper mit Porzellankurbelkopf. Braune Schlafaugen, offener Mund. Altes Seidenkleid.
H. 54 cm
2.500,– bis 4.000,–

*

Originale Kleidung erhöht den Preis.

Trotz des französisch klingenden Namens war die Porzellanfabrik für Puppenköpfe Armand Marseille (linke Abb.) in Köppelsdorf in Thüringen beheimatet. Köpfe von Armand Marseille sind sehr häufig und finden sich auf den Puppen zahlreicher Hersteller.

Ebenfalls in Thüringen, in Lichte bei Wallendorf, befand sich die Firma Heubach, die sich durch sehr gut gemachte und ausdrucksstarke Puppenköpfe auszeichnet.

Beim Kauf sollten Sie immer darauf achten, daß Kopf und Körper zusammenpassen. Sehr oft werden nämlich nicht zusammengehörige und oft sogar aus verschiedenen Epochen stammende Puppenteile kombiniert.

160 Puppe

Deutschland, um 1900, bez. »Heubach-Köppelsdorf 342.9. Germany«. Körper mit Hüft- und Schultergelenken, Porzellankurbelkopf. Blaue Schlafaugen, offener Mund. Altes Unterkleid.
H. 77 cm
2.000,– bis 3.500,–

Spielzeug und Puppen

Puppenhäuser und Puppenstuben sowie Puppenküchen spiegeln die häusliche Welt von damals im Kleinen wider. Häufig handelte es sich hierbei um wirkliches Kinderspielzeug, oft waren es aber auch repräsentative Prunkhäuser, die eher den Erwachsenen zum Zeitvertreib und Präsentieren dienten.

In zahlreichen Museen finden sich noch solche perfekt erhaltenen und eingerichteten »Puppenresidenzen«, die sehr viel vom Lebens- und Einrichtungsstil früherer Zeiten festhalten.

Meist wurden Puppenhäuser aber über die Zeit und die Generationen hin verändert und immer wieder neu eingerichtet.

Ein solches Beispiel stellt das abgebildete Haus dar, das wohl um 1900 entstanden sein dürfte, dessen Einrichtung jedoch zum Teil hundert Jahre älter ist.

161 Puppenhaus

Deutsch, um 1900. Sechs voll eingerichtete Zimmer mit 23 Stubenpuppen und mehr als 250 Einzelteilen. Einrichtung zum Teil aus der Zeit um 1800. H. 140 cm, B. 105 cm, T. 60 cm
20.000,– bis 40.000,–
*
Preisbestimmend sind Qualität und Fülle der Einrichtungsgegenstände.

Spielzeug und Puppen

162 Teddybären

Deutschland, Steiff (Ausnahme zweiter Bär von rechts: England), 1910/1950. Plüsch.
H. bis 65 cm
Je 200,– bis 2.000,–

*

Alter, Seltenheit und Zustand bestimmen den Preis. Besonders begehrt sind Steiff-Teddys. Die Preise reichen bis in den sechsstelligen Bereich.

Bis auf einen Bär stammen alle hier abgebildeten Teddys von der Firma Steiff. Deren Gründerin Margarete Steiff soll 1902 den ersten Teddybären hergestellt haben. Seinen Namen verdankt er dem amerikanischen Präsidenten Ted (= Teddy) Roosevelt. Von ihm wird berichtet, daß er sich 1902 geweigert habe, auf einer Bärenjagd einen Jungbären zu erschießen, was ihm zu großer Popularität bei der Bevölkerung verhalf. Zur gleichen Zeit produzierte auch ein amerikanisch-russisches Ehepaar einen Spielzeugbären, der später den Namen Teddy bekam. Wie alles genau zusammenhängt, wem der Ruhm der Erfindung des Teddybären wirklich gebührt, ist heute nicht mehr genau festzustellen.

Sicher ist nur, daß während der Jahre 1902 und 1903 offensichtlich die Zeit reif war für den Plüschbären.

Der Sammlermarkt für Teddybären funktioniert nach strikten Regeln. Preisbestimmend wirken vor allem Alter, Seltenheit, Größe, Art des Plüschs sowie der möglichst »unbespielte« Zustand.

Spielzeug und Puppen

163 Blechspielzeug

Von links oben nach rechts unten:
»Tut-tut«, Automobil mit einem ins Signalhorn blasenden Fahrer, Lehmann, 1903/40, H. 16,2 cm.
Passagierdampfer, Gebr. Bing, 1925/35, H. 10 cm.
Autobus, Lehmann, 1907/45, H. 13,2 cm.
Dampfmaschinen-Lokomotive, Märklin, um 1919/29, H. 23,5 cm
Automobil »Berlin«, Carette, 1910, H. 18,5 cm.
»Zick-zack«, Schaukelauto, Lehmann, 1910/45.
Je 1.000,– bis 7.000,–

*

Meist gilt: je älter, desto teurer. Außerdem entscheiden Zustand und Qualität.

Aus dem Spielzeug für Kinder sind heute hochkarätige, sehr gesuchte und teilweise auch ausgesprochen teure Sammelobjekte geworden.

Für alte, seltene und gut erhaltene Blechspielzeuge werden erstaunliche Preise bezahlt. So machte beispielsweise 1993 die Versteigerung eines komplett ausgestatteten Märklin-Feuerwehrhauses aus der Zeit um 1900 Furore, als das Objekt statt der geschätzten 7.000 Mark sage und schreibe 220.000 Mark erzielte! Aber selbstverständlich steigen die Preise nicht bei jeglichem Spielzeug in solche Höhen. Objekte in schlechterem Erhaltungszustand oder von weniger begehrten Herstellern sind relativ günstig zu bekommen, besitzen allerdings auch einen geringeren Wiederverkaufswert.

Interessanterweise steigen auch die Preise für Spielzeug aus den 50er Jahren. Das hängt damit zusammen, daß die jetzt in das »Sammelgeschäft« einsteigende Generation in diesem Jahrzehnt ihre Kindheit verlebte und sich nach ihrem Spielzeug zurücksehnt.

Steinzeug

Bei Steinzeug – nicht zu verwechseln mit Steingut, einem keramischen Material, das seit dem 18. Jahrhundert bis heute häufig anstelle von Porzellan vor allem für Gebrauchsgeschirr verwendet wird – handelt es sich um eine relativ hoch gebrannte Töpferware, die sehr hart ist und sich dadurch von Irdenware oder Hafnerkeramik unterscheidet. Das seit etwa 1300 in Europa hergestellte Steinzeug kann – ähnlich wie Porzellan – mit Stahl nicht geritzt werden. Charakteristisch ist die Salzglasur, die gleichzeitig mit der Rohware gebrannt wird.

Das harte Steinzeug eignet sich gut für Apothekergefäße und für den Genuß kalter Getränke, vor allem Bier, weniger dagegen für heiße Getränke, da es Temperaturwechsel schlecht verträgt.

Steinzeug im 19. und 20. Jahrhundert

Nachdem Steinzeug als Gebrauchsgeschirr zu Beginn des 19. Jahrhunderts von Porzellan und Steingut abgelöst worden war, erlebte es gegen Ende des Jahrhunderts eine Wiederbelebung als Dekorationsobjekt. Im Schwange historischer Wohnungseinrichtungen – vor allem im Renaissancestil (siehe Abb. Nr. 108) – waren entsprechende Gegenstände plötzlich sehr gesucht. Keine Stilimitationen, sondern eigenständige Entwürfe wurden dagegen um 1900 im Jugendstil verwirklicht (siehe Abb. S. 14).

Fälschungen und Nachahmungen

Die meisten »Fälschungen« von Steinzeug, die heute am Markt auftauchen, entstanden gegen Ende des

Preisbestimmende Faktoren:

- Seltenheit.
- Ästhetische Ausstrahlung.
- Lokales Interesse: Viele Sammler kaufen Objekte aus ihrer Gegend.
- Erhaltungszustand.
- Originale (meist Zinn-)Montierung.
- Aufwand und Art der Verzierung.
- Sichere Zuschreibung und Datierung.

19. Jahrhunderts als Nachahmungen und häufig gar nicht in betrügerischer Absicht.

Die »altdeutsche Mode« verlangte nach Steinzeug im alten Stil. Originale waren damals schon selten und teuer. Daher entstand ein ganzer Produktionszweig, der entsprechende Objekte herstellte. Unangenehmerweise schleifen Betrüger die Herstellerzeichen dieser Firmen teilweise aus. Und da auch originales Steinzeug kaum Alterungsspuren aufweist, läßt sich Alt und Neu für den Laien oft schwer unterscheiden. Auch auf Auktionen geistern zahlreiche Nachahmungen aus dem 19. Jahrhundert herum.

Wer sich daher nicht wirklich gut auskennt, sollte sich bei einem teuren Kauf lieber an einen ausgewiesenen Fachmann wenden.

Hauptzentren der Herstellung

- Rheinisches Steinzeug: Siegburg, Köln/Frechen, Raeren
- Westerwald
- Creussen und Sachsen: Waldenburg, Altenburg, Annaberg, Freiberg, Muskau
- Bunzlau

164 Birnenkorbhumpen

Creussen, um 1620, Zinndeckel mit Marken von St. Gottwald. Steinzeug, salzglasiert, Reliefauflagen mit den Heiligen Johannes d. Täufer, Franz von Assisi und Katharina von Siena. Zinnmontierung.
H. 17,8 cm
8.000,– bis 10.000,–

∗

Wichtig ist eine originale Zinnmontierung.

In der kleinen oberfränkischen Stadt Creussen begann man im 17. Jahrhundert mit der Herstellung von Steinzeug. Die bis Mitte des Jahrhunderts entstandenen Arbeiten gelten als die besten. Charakteristisch für Creussener Steinzeug ist die braune Salzglasur (links). Sie wurde erzielt, indem man schwarzes Salz in das Föhrenholzfeuer warf.

Geradezu zum Inbegriff emailbemalten Steinzeugs wurden Creussener Apostelkrüge (rechts), die nach ihrem Reliefdekor benannt sind. Ihrer Beliebtheit wegen wurden sie vor allem im 19. Jahrhundert häufig nachgeahmt.

165 Apostelkrug

Creussen, datiert 1690. Steinzeug, emailbemalt. Zinnmontierung.
H. 18 cm
15.000,– bis 25.000,–

∗

Die berühmten Apostelkrüge sind relativ teuer.

Steinzeug

166 Humpen

Annaberg, um 1680.
Steinzeug, emailbemalt.
Zinnmontierung.
H. 15 cm
5.000,– bis 8.000,–

167 Perlhumpen

Altenberg, um 1720.
Steinzeug. Zinnmontierung.
H. 34 cm
4.000,– bis 8.000,–

Im Gegensatz zu den ähnlich aussehenden Produkten aus Creussen (siehe vorherige Seite) ist Annaberger Steinzeug eigentlich eine Art von Irdenware, die erst durch die Engobe – im Gegensatz zur Salzglasur Creussens – wasserdicht wird. Typisch für das dritte Viertel des 17. Jahrhunderts sind emailbemalte Annaberger Humpen wie auf linker Abbildung.

Steinzeug aus Altenburg zeichnet sich durch einen hellgrauen Scherben aus, der häufig mit einer hellbraunen oder ockergelben Salzglasur versehen ist. Ein typisches Erkennungszeichen sind die aus gemagertem, also mit Sand versetzem Ton gefertigten Henkel, deren Oberfläche deutliche Spuren des beigemengten Sands zeigt. Berühmtestes Altenburger Produkt ist der Perlkrug (rechts), dessen charakteristisches plastisches Ornament aus weiß brennenden Tonkügelchen besteht.

168 Birnkrug

Bunzlau, Zinnmontierung datiert 1810.
Steinzeug mit brauner Lehmglasur,
unglasierte Reliefauflagen (preußischer
Adler mit Siegestrophäen).
H. 36 cm
3.000,– bis 4.000,–

169 Enghalskrug

Westerwald, um 1680.
Steinzeug mit Reliefauflagen,
kobaltblau bemalt.
H. 38 cm
2.000,– bis 3.000,–

Ähnlich wie Annaberger Steinzeug ist auch die Ware aus Bunzlau (Oberschlesien, heute Polen) ein Mittelding zwischen Irdenware und Steinzeug, die keine Salzglasur bildet, sondern eine Lehmglasur erhielt. Im Verhältnis zum echten Steinzeug ist diese Art von Keramik unempfindlicher gegenüber Temperaturschwankungen und daher auch für heiße Temperaturen geeignet. Typisch für das späte 18. und frühe 19. Jahrhundert sind die unglasierten Reliefs, wie sie der links abgebildete Krug zeigt.

Als *das* Steinzeug schlechthin gilt die graue, salzglasierte Ware mit kobaltblauer Bemalung aus dem Westerwald, die in Form von Schmalz- und Senftöpfen noch heute als »Westerwälder Steinzeug« in Gebrauch ist. Produziert wird seit dem 17. Jahrhundert bis in unsere Tage.

Der hier abgebildete Enghalskrug dürfte von Fayence-Vorbildern beeinflußt sein (siehe Abb. Nr. 28).

Teppiche und Flachgewebe

Orientteppiche werden üblicherweise in folgende Kategorien eingeteilt: persische, anatolische, turkmenische und kaukasische Teppiche. Chinesische Teppiche stellen ein eigenes Gebiet – die ostasiatischen Teppiche – dar. Innerhalb dieser Gebiete gibt es wiederum eine Vielzahl von »Provenienzen«, wie man den Herkunftsort der Teppiche bezeichnet, von denen die bekanntesten – etwa Heris oder Isfahan – zu einer Art Markenzeichen wurden.

Knotenarten und -dichte

Die am häufigsten vorkommenden Knoten – im Grunde handelt es sich um einfache Schlingen – sind der

Türkischer Knoten

sogenannte Gördes- oder türkische Knoten und der Senneh- oder persische Knoten. Beide Knüpfarten sind grundsätzlich gleichwertig.

Persischer Knoten

Die Knotendichte spielt bei Sammlerteppichen eine weniger wichtige Rolle als bei neuen Teppichen, wo sie zur Klassifizierung dient. Dagegen sind Knüpfart, verwendete Materialien und Knotendichte jeweils Teil gewachsener Traditionen. Daher kann für den Sammler die Knotendichte für sich allein betrachtet kein Qualitätskriterium darstellen, vielmehr sollte die Knüpfart der jeweiligen Provenienz entsprechen.

Alter

Das Alter eines Orientteppichs ist sowohl für die Wertschätzung der Sammler als auch für die Wertbestimmung ein wichtiger Faktor. Allerdings ist es für einen Laien schwierig, das Alter eines Teppichs festzustellen. Anmutung und Augenschein trügen oft. Datierungen auf Teppichen finden sich selten und wenn, sind sie mit Vorsicht zu genießen: Häufig wurden alte Teppiche später nachgeknüpft und die alten Datierungen dabei mitübernommen, oder Datierungen wurden später verändert usw. Manchmal wurden auch Glückszahlen eingeknüpft.

Wenn Teppiche datiert sind, dann nach der islamischen Zeitrechnung. Die Umrechnung funktioniert folgendermaßen: Islamische Jahreszahl abzüglich 1/33 plus 622.

Von Fachleuten wird meist aufgrund der verwendeten Ornamente, Materialien und Farben datiert. Die Bezeichnung »antik« wird unterschiedlich verwandt: von strengen Wissenschaftlern für Teppiche vor 1800, von weniger strengen für Teppiche vor 1850/70 (Einführung synthetischer Farben!), vom Teppichhandel für Produkte vor 1900 oder sogar erst vor dem Ersten Weltkrieg, vom Zoll für Teppiche, die älter als 100 Jahre sind.

Der seriöse Teppichhandel bedient sich üblicherweise folgender Altersstufen:
Antik: über 100 Jahre
Alt: 50 bis 100 Jahre
Älter: 25 bis 50 Jahre
Neu: bis zu 25 Jahre

Für Sammler ist jedoch nicht nur das absolute Alter entscheidend. Wichtig ist vielmehr auch, wie lange bestimmte Volksgruppen noch mit den alten Mustern und Verfahrensweisen gearbeitet haben, bevor sie sich dem europäischen Geschmack ausgeliefert haben, wie es etwa derzeit bei den tibetischen Teppichen kraß zu beobachten ist.

Preisbestimmende Faktoren:

- Alter: je älter desto teurer. Sammler interessieren sich – von Ausnahmen abgesehen – nur für antike und alte Teppiche.
- Seltenheit und Authentizität des Typus.
- Erhaltungszustand. Steht immer im Verhältnis zum Alter: Je älter, desto schlechter darf der Erhaltungszustand sein. Nicht fachgerecht ausgeführte Restaurierungen wirken stark wertmindernd.
- Schönheit der Farben und Reinheit des Musters.
- Größe und Format spielen für Sammlerteppiche nur eine relativ geringe Rolle. Bei Teppichen, die benutzt werden sollen, sind moderate Rechteckformate beliebter als »Exoten« (z. B. breite Läuferformate).

Teppiche und Flachgewebe

170 Weißgrundiger Khorassan

Ostpersien, um 1925.
Arabesken in Rosé und Azurblau, Rankenornament in Blau und Rot, auf den roségrundigen Nebenborten Blütenbäume, flankiert von Vogelpaaren und reziproken »Zinnen«-Ornamenten.
L. 414 cm, B. 307 cm
10.000,– bis 20.000,–

171 Heriz

Nordwestpersien, um 1900.
Roter Fond mit floralem Rankwerk, grüne Palmetten, blaugrundige »Herati«-Hauptbordüre.
L. 350 cm, B. 165 cm
6.000,– bis 14.000,–

Der Perserteppich gilt als der klassische Orientteppich schlechthin und zeichnet sich durch große stilistische Vielfalt mit sowohl geometrisch-linearen als auch auch floral-kleinteiligen Mustern aus. Typisch für Perserteppiche sind eine subtile und nuancierte Farbigkeit sowie harmonische und teilweise zierliche Muster. Perserteppiche weisen sowohl den türkischen als auch den persischen Knoten auf.

Oben ein ostpersischer Teppich mit ausgesprochen floralem Muster. Rechts dagegen ein nordwestpersisches Exemplar mit strenger stilisiertem Rankenwerk.

Teppiche und Flachgewebe

172 Tekke-Hauptteppich

Turkmenistan, erste Hälfte 19. Jh.
L. 242 cm, B. 188 cm
10.000,– bis 20.000,–

✱

Früher Stammesteppich.

173 Ladik

Zentralanatolien, 18. Jh.
Ornament aus Rechteckkartuschen mit eingestellten Achtzacksternen auf Oktogonen.
L. 285 cm, B. 118 cm
25.000,– bis 50.000,–

Charakteristisch für türkisch-anatatolische Teppiche (rechts) sind neben der Verwendung qualitativ guter Wolle und einer nicht sehr dichten Knüpfung geometrische Muster in meist kräftigen, klaren Farben, häufig in der Kombination von Rot und Goldtönen. Geknüpft wurde im türkischen Knoten.

Als turkmenische Teppiche (links) im strengeren Sinne gelten nur die Teppiche der turkmenischen Hauptstämme von Marokko bis Ostturkestan und China, nicht deren Nachknüpfungen und Nachahmungen. Die meist im persischen Knoten geknüpften Teppiche dieser Nomadenstämme zeichnen sich durch streng geometrische Muster und eine beschränkte Farbpalette aus, wobei Rottöne dominieren.

Teppiche und Flachgewebe

174 Karabagh-Gebetsteppich

Kaukasus, 19. Jh.
Innenfeld mit »Krabbenborte«. Typisches Giebelmotiv in Rechteckkassette, seitlich Handmotive und Tierabstraktionen.
L. 166 cm, B. 96 cm
8.000,– bis 15.000,–

Kaukasische Teppiche (links) können sowohl geometrische und florale Muster als auch solche mit stilisierten Figuren aufweisen. Man unterscheidet folgende Hauptgruppen: Kasak, Karabagh, Gendje, Talisch, Mogan, Schirwan, Baku, Kuba, Dagestan, Lesghistan.

Chinesische Teppiche (rechts) zählen zwar nicht zu den Orientteppichen, werden aber meist ebenfalls im persischen Knoten geknüpft. Charakteristisch ist die Beschränkung auf wenige, zurückhaltende Farbtöne. Die Muster enthalten häufig sehr komplexe und schwer aufzuschlüsselnde Bildsymbole.

175 Ningshia

China, 19. Jh.
Kang-Teppich mit leicht apricotfarbenem Fond und vier kleinen Rundmedaillons mit stilisierten Wolken und Blütenzweigen.
L. 127 cm, B. 198 cm
6.000,– bis 12.000,–

Teppiche und Flachgewebe

176 Mafrasch

Nordwestpersien,
Ende 19./Anfang 20. Jh.
Kelims als Behälter, Taschen und Transportbehälter.
Je 1.000,– bis 5.000,–

Als Kelims im weiteren Sinne werden gewebte Teppiche in Unterscheidung von geknüpften, im engeren solche in Leinwandbindung bezeichnet.

Kelims waren Gebrauchstextilien und als solche im gesamten Orient verbreitet. Die relativ leichten und flexiblen Webtextilien kamen der nomadischen Lebensweise besonders entgegen und dienten nicht nur als Bodenbeläge, sondern auch als Wandbehänge, Packtaschen usw. (links). Die Muster sind meist relativ einfach und aufgrund der Webtechnik geometrisch angelegt.

Als Tapisserie oder Gobelin werden in Europa gefertigte, von Hand gewirkte Bildteppiche bezeichnet (rechts). Neben den Tapisserien der königlichen »Manufacture des Gobelins« in Paris sind vor allem die Brüsseler Gobelins berühmt.

177 Tapisserie

Brüssel, um 1680.
Bildteppich aus der Serie »Geschichte der Zenobia«. Die Darstellung zeigt den bei der Eroberung von Palmyra verletzten römischen Kaiser Aurelian. Feine Webarbeit in Wolle und Seide.
H. 402 cm, B. 317 cm
70.000,– bis 120.000,–

Uhren

Uhren gehören zu den beliebtesten und anspruchsvollsten Sammelgebieten. Bei diesen Objekten kommt es nicht nur auf die Schönheit, die handwerklich Verarbeitung und die künstlerische Ausstattung an, sondern auch auf eine mitunter recht komplizierte Technik. Daher ist für jeden Sammler nicht nur die Kenntnis der Formen und Stile alter Uhren wichtig, sondern auch der Technik und Funktionsweise.

Obwohl es bereits im 13. und 14. Jahrhundert mechanische Uhren gab, sind für die meisten Sammler erst Uhren ab dem 16. Jahrhundert interessant, handelte es sich bei den frühen Beispielen doch überwiegend um Turmuhren.

Im 16. und 17. Jahrhundert kamen die meisten uns heute noch geläufigen Uhrentypen auf: Bodenstanduhren, Wanduhren, Tisch- und Kommodenuhren, außerdem Taschenuhren. Als einer der ersten hat der Nürnberger Peter Henlein (1480–1542) bereits um 1510 kleine dosenförmige Uhren konstruiert, die sich um den Hals tragen ließen. Ihre große Zeit erlebten Taschenuhren jedoch im 18. und 19. Jahrhundert, bis sie in unserem Jahrhundert von der Armbanduhr abgelöst wurden.

Armbanduhren

Als Sammelgebiet erst in den letzen Jahren besonders in Mode gekommen sind Armbanduhren und haben damit gleichzeitig einen Boom bei neuen mechanischen Uhren ausgelöst. So praktisch, billig und ganggenau Quarzuhren auch sind, so wenig aufregend ist ihre Technik und ihr Innenleben. In dem Moment, in dem exakt gehende Digitaluhren zu Spottpreisen auf den Mark geworfen wurden, erlebte die vielfach totgesagte mechanische Uhr ihre Renaissance.

Armbanduhren faszinieren durch ihre oft ausgeklügelte Technik, vor allem, wenn es sich um Uhren oder Chronographen mit Komplikationen und Indikationen, also Zusatzmechanismen – automatischer Aufzug, ewiger Kalender, Mondphasen, Repetitionsschlagwerk oder Wecker – handelt. Ganggenauigkeit, Qualität des Uhrwerks und Schönheit des Gehäuses stellen hier die Sammelkriterien dar.

Reparatur und Pflege

Mehr als viele andere Sammelgebiete erfordern Uhren Reparaturen, War-

Preisbestimmende Faktoren:

- Funktionstüchtigkeit. Eine kaputte Uhr zu reparieren, kann unter Umständen teuer werden. Und falls Teile ersetzt werden müssen, wird sie nie wieder ihren ursprünglichen Wert erreichen. Daher ist es beim Kaufpreis entscheidend, ob die Uhr funktioniert oder nicht.
- Funktionen des Uhrwerks. Für die meisten Sammler liegt der Reiz alter Uhren in ihrer Ganggenauigkeit und ihren technischen Raffinessen, den Indikationen und Komplikationen.
- Signaturen. Läßt sich eine Uhr einem bestimmten Meister zuordnen, erhöht das den Wert.
- Handwerkliche und künstlerische Gestaltung des Gehäuses.
- Seltenheit.

tung und Pflege. Vor allem, wenn es sich um ein kostbares Stück handelt, sollten Sie es nur einem Uhrmacher anvertrauen, der ausreichend Erfahrung mit alten Uhren besitzt.

Da wie bei den meisten Sammelgebieten Authentizität einen wichtigen Faktor bei der Preisbewertung darstellt, sollten bei nötigen Reparaturen defekte Teile möglichst repariert und nicht leichtfertig ersetzt werden, auch wenn dies kurzfristig vielleicht billiger wäre.

Zifferblätter – auch an Armbanduhren – werden häufig ausgetauscht und nicht immer durch identische ersetzt. Dabei verleiht doch gerade das Zifferblatt einer Uhr ihr »Gesicht«.

Ähnlich wie Möbel leiden Uhren mit Holzgehäuse unter zu niedriger Luftfeuchtigkeit. Furniere können reißen und abplatzen. Temperaturschwankungen wirken sich negativ auf die Ganggenauigkeit aus.

Sowohl Großuhren als auch Taschenuhren sollten vor Staub geschützt werden.

Da Zustand und Funktionstüchtigkeit bei alten Uhren eine so große Rolle spielen, ist es für den Laien und Gelegenheitskäufer nicht ratsam, auf Auktionen einzukaufen, auch wenn diese bei anderen Sammelgebieten eine durchaus günstige Einkaufsquelle darstellen können. Aber wer ist schon in der Lage zu beurteilen, ob das Uhrwerk nicht nur funktioniert, sondern ob auch die Teile noch original sind. Und wer kann schon abschätzen, was da noch an Reparaturkosten auf ihn zukommt (siehe dazu auch S. 20). Sicherer ist es daher, beim Fachhändler zu kaufen, der seine Objekte mit zugesicherten Eigenschaften und Garantie verkauft.

Uhren

178 Bodenstanduhr

Süddeutschland, um 1750, Uhrwerk bez. Caspers, Köln.
Nußbaum und Nußbaumwurzel auf Nadelholz furniert. Einlagen aus Pappelmaser und Pflaumenholz. Messingzifferblatt mit Zinnzifferring, Mittelfeld satiniert. Rechenschlagwerk mit Halb- und Stundenschlag auf Bronzeglocke. Zwei Gewichte, Pendel, zwei Schlüssel.
H. 247 cm, B. 35 cm, T. 23 cm
30.000,– bis 50.000,–

Als Bodenstanduhren werden Großuhren bezeichnet, deren Gehäuse auf dem Boden steht. Angetrieben werden sie meist durch Gewichte. Bodenstanduhren sind wegen ihres häufig sehr aufwendig und manchmal von berühmten Ebenisten gearbeiteten Gehäuses eher als kunstfertige Einrichtungsgegenstände denn als bloße Uhren zu bezeichnen. Bis in unser Jahrhundert hinein sollte die Bodenstanduhr einer der beliebtesten Uhrentypen bleiben.

179 Bodenstanduhr

Berlin, E. G. Geckler, Ende 18. Jh.
Holzgehäuse mit teilweise vergoldeten Profilen. Messingwerk mit Stundenschlag und Ankergang. Gangdauer eine Woche.
H. 245 cm
20.000,– bis 30.000,–
✱
Schönheit des Gehäuses und Qualität des Uhrwerks bestimmen den Preis.

180 Stutzuhr

Süddeutsch, um 1770, Zifferblatt bez. Gottfr. Hahn, Ludwigsburg.
Dunkelgrün gefaßtes Weichholzgehäuse mit vergoldeten Füllhörnern. Weißes Emailzifferblatt mit 2 x 12 Stunden Hauptzifferring. Zwei Hilfszifferblätter für die Normalzeit sowie für Tag, Datum, Mond und Monatsangaben. Messingwerk mit gravierter Schloßscheibe. Ankergang, Stundenschlag auf Glocke und Fadenaufhängung des Pendels.
H. 68 cm
40.000,– bis 60.000,–

Mit dem Begriff Stutzuhr werden Uhren einer reichen Formenvielfalt bezeichnet. Wie der Name schon sagt, handelt es sich um im Vergleich zu den hohen Bodenstanduhren »gestutzte« Uhren, die meist auf Kaminen, Konsolen usw. aufgestellt wurden.

Die rechts abgebildete Pendule (eigentlich Penduluhr) zeichnet sich vor allem durch ihr auch Carillon genanntes Glockenwerk aus, das sich auf sechs verschiedene Melodien einstellen läßt. Das Glockenspielwerk besteht aus hintereinandergereihten gegossenen Halbschalen (deren Aussehen an Fahrradklingeln erinnert) und wird mit Hämmern angeschlagen, die mit Hilfe einer Stiftwalze angetrieben werden.

181 Pendule mit Carillon

London, um 1770, Zifferblatt bez. George Prior, London.
Holz, schwarz poliert mit Bronzedekoration. Aufgewölbte Kuppel sowie vier Ecksäulen aus facettengeschliffenem Kristallglas. Emailzifferblatt mit römischen Zahlen, gerahmt von farbigen Blumengebinden in polychromer Malerei auf Metall. Stundenschlag mit Carillon (Glockenwerk) auf zwölf Glocken und einer Melodie. Mechanische Umstellung für insgesamt sechs Melodien. Repetition. Schlagabstellung.
H. 90 cm, B. 45 cm, T. 32 cm
30.000,– bis 40.000,–

182 Pendule

Paris, um 1800, nach Entwurf des Bronziers De Verberie, 1799. Bronze vergoldet und bruniert. Ankerhemmung, Schloßscheibenschlagwerk für volle und halbe Stunden.
H. 46 cm
40.000,– bis 70.000,–

*

Ein berühmter und häufig ausgeführter Entwurf.

Typisch für die ersten Jahrzehnte des 19. Jahrhunderts waren die Figurenuhren, die heutzutage noch in einer verblüffenden Vielfalt zu finden sind. Dabei handelt es sich um Pendulen in Form von Kamin-, Konsol- oder Tischuhren, deren eher bescheidenes Uhrwerk für Technikfans wenig Begeisterndes bietet. Dafür sind diese Uhren mit häufig ganz außerordentlich dekorativen vergoldeten Bronzefiguren – teilweise nach künstlerisch bedeutenden Entwürfen – geschmückt. Mit ihren vom Klassizismus beeinflußten Formen wirken sie wie eigenständige Skulpturen. Besonders beliebt waren antikisch inspirierte mythologische oder allegorische Themen, häufig mit einem Bezug zu Zeit und Vergänglichkeit.

183 Pendule

Frankreich, um 1820.
Bronzegehäuse feuervergoldet. Pendulenwerk mit Halbstundenschlag auf Glocke und Federaufhängung des Pendels. Gangdauer eine Woche.
H. 35 cm
5.000,– bis 10.000,–

*

Die Qualität der Bronzearbeit bestimmt den Preis.

184 Astronomische Tischuhr

Frankreich, erste Hälfte 19. Jh., Platine bez. mon. P. C.
Holz, schwarz poliert mit Fadeneinlagen aus Messing. Zifferblatt auf guillochiertem Grund. Unterhalb Datums- und Wochentagsanzeige. Auf der Deckplatte Tellurium aus vier, um die Sonne laufenden Himmelskörpern, Erde, Mond, Mars und Jupiter. Versilberte Horizontalskala mit Stunden-, Grad- und Tierkreiszeichenangabe. Schnellaufzug und Planetengetriebe. Halb- und Stundenschlag auf Glocke.
H. 38,5 cm, B. 21 cm, T. 16 cm
20.000,– bis 30.000,–

185 Bilderuhr

Österreich, um 1820.
Öl auf Blech, vergoldeter Rahmen. Darstellung des brennenden Moskau beim Einzug der napoleonischen Truppen. Blick auf den Kreml mit einem im Turm eingebauten weißen Emailzifferblatt. Messingwerk mit Viertelstundenschlag auf zwei Tonfedern und Fadenaufhängung des Pendels. Gangdauer ein Tag.
H. 71 cm, B. 89 cm
10.000,– bis 20.000,–

Die Besonderheit der links abgebildeten Tischuhr stellen ihre astronomischen Indikationen dar, mit deren Hilfe sie neben der Datums- und Wochentagsanzeige auch den Stand der Gestirne sowie der Tierkreiszeichen angeben kann (Indikationen: astronomische und kalendarische Angaben; Komplikationen: Musik- und Schlagwerke).

Bilderuhren waren vor allem eine Spezialität des süddeutschen und österreicher Biedermeier. Dabei wurde eine kleine Uhr in eine meist dörfliche oder städtische Szene integriert, meist mit einem illusionistisch in die Gesamtszenerie eingefügten Kirchturm.

Uhren

186 Tischuhr

Süddeutsch, 18. Jh.
Weichholzgehäuse, vergoldet. Messingwerk mit Viertelstundenschlag auf zwei Glocken. Fadenaufhängung des Pendels, Ankergang und Kraftübertragung für Geh- und Schlagwerk über Ketten und Schnecken. Gangdauer eine Woche.
H. 82 cm
10.000,– bis 20.000,–

Die rechte Uhr veranschaulicht die Wiederaufnahme des Rokokostils im 19. Jahrhundert. Die linke Tischuhr stammt dagegen tatsächlich »aus der Zeit«, also Mitte des 18. Jahrhunderts. Dabei weist die rechte Pendule zwar prächtige Rokokoformen auf, die hier jedoch im Vergleich zum »Original« fast gar zu üppig ausfallen. Aufwand und Fülle der Ornamente lassen die Leichtigkeit der originalen Rokokoformen vermissen.

187 Pendule

Frankreich, um 1850.
Bronzegehäuse auf vergoldetem Holzsockel, Gehäusemittelteil mit rotem Samt hinterlegt. Pendulenwerk mit Halbstundenschlag und Glocke, Ankergang und Federaufhängung. Gangdauer eine Woche.
H. 57 cm
5.000,– bis 10.000,–

188 Taschenuhr

Genf, um 1800.
18 K Gold, Gehäuse mit Barockperlenlunette. Polychrome Emailmalerei. Emailzifferblatt, vergoldete Breguetzeiger und Aufzugsvorrichtung. Feuervergoldetes Spindelwerk mit Kette und Schnecke.
D. 4,3 cm
20.000,– bis 30.000,–

Die meisten Spindeltaschenuhren stammen aus dem 17. und 18., einige bereits aus dem 16. Jahrhundert. Ihr Name rührt von der Spindelhemmung her, der ersten Form einer Hemmung überhaupt. Spindeltaschenuhren wurden zwar noch bis etwa 1850 produziert, doch setzte sich im Laufe des 19. Jahrhunderts für Taschenuhren die Zylinderhemmung sowie die Ankerunruh durch, die auch bei der rechts abgebildeten Micky Maus-Uhr Anwendung fand.

Zahlreiche Taschenuhren sind sehr dekorativ bemalt. Bei figürlichen Szenen – manche ausgesprochen erotisch, um nicht zu sagen: pornographisch – sind die Figuren häufig mit beweglichen Körperteilen ausgestattet.

189 Taschenuhr

USA, Ingersoll Watch Co.
No. 85260385, 1950er Jahre.
Mit Micky Maus-Motiven, als Zeiger behandschuhter Finger. Kleines Sekundenblatt mit drei Figuren. Rückseitig gravierte Micky Maus mit Beschriftung. Vollplatinen-Ankerwerk.
D. 5 cm
2.000,– bis 4.000,–

✳

Disney-Motive verfügen über eine treue Sammlergemeinde.

190 Taschenuhr

Schweiz, um 1887, sign. Patek Philippe Geneve No. 80060.
Gold 18 K, Emailzifferblatt, gebläute Spadezeiger, randversetzte Indikationen für Wochentag- und Monatsangaben, kleine Sekunde mit innenliegendem, rot markiertem Datumkreis und Fensterausschnitt für Mondphase 29 1/2 Tage. Goldcuvette. Vernickeltes 19liniges Ankerwerk mit Bandschliff, Kompensationsunruh und Breguetspirale.
D. 5,6 cm
150.000,– bis 250.000,–

Im Laufe des 19. Jahrhunderts erhielten Taschenuhren häufig Datumsangaben, astronomische Indikationen und sogar Chronographenwerke und Repetierschlagwerke. Ein wirkliches Prunkstück bezüglich Schönheit, Technik und Verarbeitung stellt die links abgebildete frühe Patek Philippe dar, mit Indikationen für Wochentag, Monat und Datum sowie Mondphase.

Typisch für die Zeit des Art déco sind rechteckige Armbanduhren, die man auch als Formuhren bezeichnet. Grundsätzlich ist es schwieriger, ein Uhrwerk bei kleinen Abmessungen in ein rechteckiges als in ein rundes Gehäuse einzufügen.

191 Armbanduhr

Schweiz, St. Imier, 1930er Jahre, sign. Gruen Precision No. 640117.
Weißgold 14 K, in Originalschatulle. Tritiumzeiger, -ziffern und kleine Sekunde. Rhodiniertes Ankerwerk C. 117 mit feinem Bandschliff, Kompensationsunruh, Breguetspirale und langer Rückerzeiger. Lederband.
L. 3 cm
1.500,– bis 2.500,–

Varia

Unter der Bezeichnung Varia wird im Handel alles zusammengefaßt, was sich nicht eindeutig den anderen Bereichen zuordnen läßt, vorzugsweise jedoch Objekte, die nicht zum klassischen und gehobenen Sortiment des Kunst- und Antiquitätenhandels gehören. Trotzdem – oder vielleicht gerade deshalb – finden sich hier Gebiete, die sich bei ganzen Sammlergemeinden größter Wertschätzung erfreuen, seien es volkskundliche Gegenstände und Textilien oder neuere Sammelthemen wie etwa Werbung und technische Antiquitäten.

Aus der unendlichen Vielfalt sollen hier nur einige Bereiche herausgepickt und sozusagen als »Appetithappen« präsentiert werden. Gerade im Bereich »Varia« liegen noch zahlreiche Möglichkeiten unentdeckter, zukunftsträchtiger Sammelmöglichkeiten. Vieles, was heute zu den festen Größen im Antiquitätenmarkt gehört, hat auch einmal klein angefangen. Und so manches Stück, das heute auf Auktionen zu wahren Bietergefechten führt, ging noch vor wenigen Jahren oder Jahrzehnten ohne Gebot zurück, verstaubte in den Regalen der Trödler oder wurde ganz einfach weggeworfen.

Preisbestimmende Faktoren:

- Sammelmoden.
- Erhaltungszustand.
- Authentizität.
- Künstlerische oder ästhetische Qualität.
- Seltenheit.
- Besonders modisches und typisches Objekt einer Epoche, die in der Folgezeit geächtet wurde. Nachdem die Abscheu über ein Modeobjekt abgeklungen ist, erlebt dieses mitunter seinen zweiten Frühling als Sammelobjekt.

Varia

192 Damenkleid

Frankreich, um 1775/80.
Gechinzte Baumwolle, blau bedruckt.
30.000,– bis 50.000,–

*

Gut erhaltene Gewänder aus der Zeit vor 1800 sind selten.

Der Bereich Textilien gehört zu den traditionellen Sammelgebieten. Vor allem alte Tischwäsche, Trachten, Stickmustertücher usw. finden immer mehr engagierte Sammler und Sammlerinnen.

Bislang noch eine Sonderstellung nehmen dabei alte Kleider und Kostüme ein. Brauchbare Stücke aus der Zeit vor dem 18. Jahrhundert sind extrem selten. Hier abgebildet sind zwei gut erhaltenen Exemplare aus dem späten 18. und späten 19. Jahrhundert.

Interessant ist beim linken Kleid die Verwendung von Baumwolle, die in Frankreich damals verboten war, um die heimische Seidenindustrie zu stützen, aber gerade deshalb umso lieber verwendet wurde.

193 Damenkleid

Frankreich, um 1875.
4.000,– bis 6.000,–

*

Schlichte Tageskleider wurden meist aufgetragen und sind daher – obwohl ursprünglich häufiger vorhanden – relativ seltener erhalten als Fest- und Brautkleider.

Varia

194 Reservistenkrug

Neuburg/Donau, Infanterie
Reg. No. 15, Anfang 20. Jh.
Bunt bemalter Porzellankrug.
Reliefzinndeckel.
H. 27 cm
800,– bis 1.200,–

Reservistenkrüge kamen in Deutschland in Rahmen der allgemeinen Begeisterungswelle für das Militär nach dem Sieg über Frankreich 1870/71 und im neu gegründeten Deutschen Kaiserreich in Mode. Sie dienten als Erinnerung an die Militärzeit und sind daher meist mit dem Namen des Reservisten, der Dauer seiner Dienstzeit und dem Namen seines Regiments beschriftet. Bei Porzellankrügen befindet sich im Boden häufig ein sogenanntes Durchscheinbild, dessen Motiv bei geleertem Krug zu erkennen ist. Ein weiteres, sehr beliebtes Sammelgebiet stel-

195 Oktoberfestkrug

100jähriges Jubiläum 1810–1910,
Entwurf Frank Ringer.
Salzglasiertes Westerwälder Steinzeug,
mit bunten Emailfarben bemalt.
Zinndeckel.
H. 26 cm
1.000,– bis 1.500,–

len Oktoberfestkrüge dar (noch heute steht am Ausgang jedes »Wiesn-Zelts« Wachpersonal, das verhindern soll, daß heimlich Bierkrüge als Souvenirs mitgenommen werden), eine Sonderform der Brauereikrüge, die seit dem letzten Jahrhundert in vielfältigen Formen hergestellt wurden.

Varia

196 Blechdose

Schweiz, erste Hälfte 1930er Jahre, Lizenznehmer Disch, Othmarsingen, Hersteller Gebr. Hoffmann, Thun. Farbig lackiert.
H. 18 cm, B. 25 cm, T. 21 cm
500,– bis 1.200,–

197 Bleistiftspitzer »Donald«

USA, 1960er Jahre.
Kunststoff.
H. ca. 22 cm
40,– bis 80,–

Alte Blechdosen haben sich zu einem hochdotierten Sammelgebiet entwickelt. Für gut erhaltene Objekte mit Werbeaufdrucken, die entweder von einer gern gesammelten Firma stammen oder sich durch ihre besondere graphische Gestaltung hervortun, werden hohe Preise bezahlt (siehe auch das Emailschild auf Abb. Nr. 201). Die hier abgebildete Blechdose aus den 30er Jahren zeichnet sich durch ihre Darstellung mit frühen Micky Maus-Figuren aus. Fachleute erkennen diese »archaischen« Figuren an ihren »Tortenaugen«. Disneyana – also alles rund um die Micky Maus und andere Disney-Figuren – haben sich in den letzten Jahren zu einem hochdotierten Sammelgebiet gemausert. Selbst für so einen relativ schlichten Bleistiftspitzer in Form eines Donald Duck aus den 60er Jahren werden ganz beachtliche Preise bezahlt.

Varia

198 Comic-Heft

»Walt Disney's Comics & Stories
Nr. 109«, 1949, K. K. Publications,
Poughkeepsie, New York.
Cover von Carl Barks gezeichnet.
H. 26 cm, B. 18,5 cm
20,– bis 100,–

*

**Alter und Erhaltungszustand
bestimmen den Preis.**

199 Comic-Heft

Sonderheft Micky Maus, Ehapa-Verlag,
Stuttgart, 1954.
Cover und Geschichte im Innenteil von
Carl Barks gezeichnet.
90,– bis 200,–

*

**Disney-Comics mit Cover von Carl
Barks sind sehr gesucht.**

Für Comic-Hefte existiert ein etablierter, hochspezialisierter Sammlermarkt. Einen Sonderstatus genießen hier die Disney-Comics.

Links abgebildet ist eine amerikanische Disney-Ausgabe von 1949, die Vorbild für das erste deutsche Micky Maus-Heft war. Die Zeichnung auf dem Cover stammt von dem inzwischen mit mehreren Ausstellungen gewürdigten Carl Barks, der unter den Anhängern von Donald Duck Kultstatus genießt.

Auch das Cover des deutschen Sonderhefts Micky Maus (rechte Abb.) stammt von Carl Barks, ebenso wie die Zeichnungen im Innenteil. Übersetzerin war die legendäre Dr. Erika Fuchs, eine Kunsthistorikerin, die vierzig Jahre lang die relativ eigenständigen Texte der deutschen Micky Maus-Hefte prägte und geflügelte Worte wie »Dem Ingeniör ist nichts zu schwör« prägte.

Varia

200 Plakat

»Grand Prix Suisse«.
Schweiz, Graf Kaspar Ernst, 1934.
Farblithographie.
H. 128 cm, B. 90 cm
10.000,– bis 12.000,–

*

Seltenheit und Qualität des graphischen Entwurfs bestimmen den Preis.

Auch für die Plakatkunst gibt es eine eingeschworene Fan-Gemeinde, die für besonders interessante oder künstlerisch gelungene Exemplare inzwischen bis zu sechsstellige Beträge bezahlt. Emailschilder verbinden die graphische Gestaltung von Plakaten mit der Faszination einer fast dreidimensional wirkenden Umsetzung in meist gewölbte »emaillierte Metallobjekte«. Die Herstellung dieser Emailschilder war aufwendig und teuer. Und angesichts der Werbemöglichkeiten im Fernsehen und in Zeitschriften werden heute keine Emailschilder mehr hergestellt. Ausnahme: Auf Antikmärkten werden zahlreiche Reproduktionen gängiger Emailschilder angeboten, meist in relativ kleinem Format und aus dünnem Blech.

201 Emailschild

»Chocolat Frigor«.
Schweiz, um 1929.
Gewölbt. Lithographiertes Umdruckverfahren mit Schablonierung.
H. 49,5 cm, B. 35 cm
12.000,– bis 15.000,–

*

Emailschilder sind in den letzten Jahren sehr teuer geworden. Gute Exemplare liegen meist im fünfstelligen Bereich.

202 Überraschungseierfiguren

»Dschungelbuch«
Frankfurt/Main, Ferrero, Herbst 1985.
Serie von zwölf massiven Hartplastikfiguren, farbig bemalt.
H. ca. 2,5 cm
Satz 330,– bis 400,–

Einzelne »Ü-Eierfiguren« kosten üblicherweise weniger als 5,–. Besondere Figuren sind allerdings unglaublich teuer, etwa die – hier nicht abgebildete – Variante der Schlange Kaa mit kurzem Hals, die allein ca. 290,– kosten würde.

Ein Beispiel für die Auswüchse des Sammelns – wie manche Leute es sicherlich nennen – stellt der Boom der sogenannten »Überraschungseierfiguren«, kurz: »Ü-Eierfiguren«, dar.

Seit den späten 70er Jahren produziert die Firma Ferrero Überraschungseier aus Schokolade, die eine Plastikkapsel mit einer »Überraschung« enthalten, häufig kleine Figuren aus Hart- oder Weichplastik. Bei einigen Charakteren handelt es sich um Comicfiguren, unter denen die Disneyfiguren besonders begehrt sind.

Überraschungseierfiguren haben sich seit Anfang der 90er Jahre zu einem eigenen Sammelgebiet mit rasanten Preissteigerungen und speziellen Sammlerkatalogen entwickelt. Die Zeiten, als die ersten Sammler unwissenden Kindern auf dem Flohmarkt ihre Figuren für Pfennigbeträge abkauften, dürften vorerst vorbei sein.

Und angeblich können besonders erfahrene Sammler am Schüttelgeräusch eines Überraschungseis seinen Inhalt erkennen. Andere kaufen die Süßigkeiten gleich palettenweise, um an die begehrten Figuren zu kommen.

Zinn

Zinn wurde jahrhundertelang vor allem als geschmacksneutrales Eß- und Trinkgeschirr geschätzt, das darüber hinaus noch den Vorteil relativer Robustheit und Bruchfestigkeit besitzt. Erst als zu Beginn des 19. Jahrhunderts preisgünstigeres Porzellan sowie billiges Steingut zur Verfügung standen, wurde Zinn als Alltagsgeschirr und Hausgerät des Bürgertums verdrängt.

Da Zinn häufig im Laufe der Zeit ein- und umgeschmolzen wurde, sind wirklich frühe Beispiele äußerst selten. Die ältesten Stücke aus dem deutschsprachigen Raum, die üblicherweise im Antquitätenhandel auftauchen, stammen meist aus dem 16., in Ausnahmefällen auch aus dem 15. Jahrhundert.

Gegenüber dem stark beanspruchten Gebrauchsgeschirr hat sich aus dieser Frühzeit vor allem kirchliches Gerät erhalten.

Zinn ist ein weiches, glänzendes Metall von silbrig-grauer Farbe. Um seine Geschmeidigkeit und Festigkeit zu erhöhen, werden dem Metall Kupfer und Blei beigegeben. Da Blei gesundheitsschädlich ist und Speisen, die mit größeren Mengen davon in Berührung kommen, negativ verändert, sollte dessen Anteil nicht zu hoch sein. Daher wurde das Mischungsverhältnis von Zinn, Kupfer und Blei schon seit dem Mittelalter streng geregelt und von den Zünften überwacht.

Zinnmarken

Da vor allem der Zusatz von Blei nicht nur aus technischen Gründen erfolgte, sondern auch ökonomische Vorteile hatte, versuchten zahlreiche Zinngießer, den Anteil des im Verhältnis zu Zinn billigeren Bleis zu erhöhen. Um dies zu unterbinden, wurden Zinnwaren geprüft und mit Marken versehen.

Bei den Marken unterscheidet man zwischen Stadtmarke, Meistermarke und Qualitätsmarke, wobei letztere die Art der Zinnlegierung ausweist.

Die bekannteste Zinnmarke ist die ursprünglich im 18. Jahrhundert in England eingeführte Engelmarke, die statt mit Blei nur mit Kupfer, Antimon oder Wismut legiertes Zinn bezeichnet. Dieses Qualitätszeichen fand auch in Deutschland Verwendung, allerdings nicht immer in Zusammenhang mit der ursprünglichen Qualität des englischen Feinzinns.

Fälschungen

Zinn ist leider ein Antiquitätengebiet, das stark vom Problem der Kopien und Fälschungen heimgesucht wurde. Vor allem in den 60er

Preisbestimmende Faktoren:

- Seltenheit.
- Lokale Präferenzen.
- Alter: Als besonders sammelwürdig und daher begehrt gelten Stücke bis zum frühen 19. Jh.
- Punzen, die die Arbeit eines Meisters erkennen lassen.
- Handwerklicher Aufwand und Schönheit der Arbeit.
- Kunstvolle Bearbeitung der Oberfläche.
- Erhaltungszustand, Restaurierungen und Ergänzungen.
- Art des Gegenstandes: Ähnlich wie beim Silber ist kirchliches Gerät weniger beliebt als profanes.

und 70er Jahren, als dieses Sammelgebiet einen Höhepunkt erlebte, wurden derartig viele Fälschungen produziert, daß zahlreiche Sammler sich heute nicht mehr trauen, Zinn zu erwerben.

Neben sehr dilettantischen Fälschungen gibt es durchaus hervorragend gemachte Kopien, die teilweise bereits um die Jahrhundertwende, im Zuge des Historismus, entstanden sind und durch ihr relativ hohes Alter bereits eine gewissen Patina angesetzt haben.

Zinnkrankheiten und Pflege

Es ist sicherlich nicht wünschenswert, altes Zinn übermäßig zu putzen und blank zu polieren. Im Zweifelsfall wirkt eine schöne Patina eher wertsteigernd. Trotzdem sollte Zinn unbedingt gepflegt werden. Vor allem sollte sich keine Staubschicht auf den Gegenständen bilden, da diese Feuchtigkeit und bestimmte Bestandteile der Luft, z. B. Schwefel, an sich bindet und damit der Oberfläche schadet.

Ungepflegte Zinngegenstände sind anfällig für Zersetzungsprozesse, teils als Zinnfraß, teils als Zinnpest bezeichnet.

Zinnfraß ist eine Veränderung der Oberfläche, bei der sich das Zinn stellenweise in dunkles Pulver verwandelt. Bei der Zinnpest dagegen zersetzt sich das Innere des Materials, was zu blasenartigen Beulen an der Oberfläche führt. Dabei löst sich das Zinn auf und verwandelt sich in ein helles Pulver. Die genauen Ursachen dieser Krankheiten sind noch nicht eindeutig erforscht. Eine Restaurierung derartig »infizierter« Zinngegenstände kann nur vom Fachmann vorgenommen werden.

203 Daubenkrug

Reichenbach im Vogtland, um 1750, Marken von Gottfried Rösch. Holzwandung mit Zinnfassung, gegossen und graviert.
H. 22 cm
10.000,– bis 15.000,–

Seit dem 16. Jahrhundert wurden die sogenannten Daubenkrüge, die meist als Bierkrüge Verwendung fanden, von Böttchern hergestellt. Wie bei einem Faß werden hier die hölzernen Dauben durch Bänder aus Zinn zusammengehalten. Bei kostbareren Stücken, wie dem hier abgebildeten, sind Deckel und Henkel nicht aus Holz, sondern ebenso wie die ornamental gestalteten »Bänder« aus Zinn.

Schlichte Breitrandteller (Abb. rechts) dienten als Gebrauchsgeschirr für wohlhabende Bürger.

204 Breitrandteller

Meistermarke Simon Engel, Hengersberg, datiert 1659.
Zinn.
D. 34,5 cm
4.000,– bis 6.000,–

205 Schenkkanne

Augsburg, datiert 1711.
Zinn, graviert und punziert.
H. 30 cm
6.000,– bis 10.000,–

206 Glockenkanne

Zürich, datiert 1748.
Zinn.
H. 32 cm
2.000,– bis 3.000,–

Während sich zahlreiche Zinngegenstände vor allem durch die Schlichtheit ihrer Form auszeichnen, beeindrucken wieder andere gerade durch ihre aufwendige Dekoration. Bei der links abgebildeten Kanne entstand der palmettenartige Ornamentfries an den Rändern durch Punzieren, d. h. Einschlagen, mit einem Eisenstempel. Wappen, Widmung und Inschrift wurden graviert.

Der Name der rechts abgebildeten Glockenkanne rührt von der glockenartigen Form des Gefäßkörpers her. Derartige Glockenkannen – meist mit langem und durch einen Klappdeckel verschlossenen Ausguß – sind typisch für die Schweiz. Bei diesem Gefäß besticht die aus eigenwilligen Einzelteilen zusammengefügte und doch verblüffend harmonische Gesamtform.

207 Zunftkrug der Bäcker

Sachsen, um 1800.
Zinn.
H. 28 cm
1.500,– bis 2.500,–

*

Achten Sie auf die Qualität der Gravur!

Charakteristisch für Zunftkrüge sind eingravierte Embleme mit den Symbolen des jeweiligen Handwerks. Hier bedeutet die auf der Schauseite eingravierte Brezel, daß wir es mit dem Bäckerhandwerk zu tun haben. Solche Gravuren wurden häufig von spezialisierten Handwerkern ausgeführt.

Die beiden rechten Krüge sind in ihrer schlichten und sehr funktionalen Form typisch für die Zeit des Biedermeier. Der kleinere Krug dürfte für Damen gedacht gewesen sein!

208 Zwei Bierkrüge

Süddeutsch, um 1850.
Zinn.
H. 6 cm/10 cm
Je 400,– bis 700,–

*

Der kleine Krug ist billiger als der große.

Infos

Literatur

Es ist hier nicht möglich, die Literatur zum Thema Antiquitäten auch nur annähernd erschöpfend aufzulisten. Die folgenden Titel stellen entweder Standardtitel dar und/oder bieten einen guten Einstieg ins jeweilige Thema. In diesen Büchern finden Sie dann meist ausführlichere Bibliographien.

Allgemeine Nachschlagewerke und Lexika

Kunstadreßbuch Deutschland, Österreich, Schweiz
Nachschlagewerk u. a. für die Adressen des Kunst- und Antiquitätenhandels, der Auktionshäuser, Antiquariate, Galerien, Experten und Museen. Erscheint etwa alle zwei Jahre neu.

Kunstpreis-Jahrbuch
Das Nachschlagewerk der Profis erscheint jährlich und enthält in drei Bänden um die 20.000 Ergebnisse mit ca. 6.000 Abbildungen aus etwa 2.000 internationalen Kunstauktionen, Schwerpunkt deutschsprachiger Raum.

Battenberg Kunst Auktionen Preise
Informativer und illustrierter Überblick über Auktionsergebnisse in Deutschland, Österreich und der Schweiz. Erscheint jährlich.

Trödler & Sammeln Auktionspreise
Auktionsergebnisse der eher volkstümlichen Sammelgebiete im deutschsprachigen Raum. Umfangreich bebildert, preiswert. Erscheint jährlich.

Das Große Antiquitäten-Lexikon
Freiburg-Basel-Wien 1981

Hugh Honor/John Fleming
Lexikon Antiquitäten und Kunsthandwerk
München 1984

Themenbezogene Literatur

In der Reihe der »Weltkunst Antiquitäten-Führer« sind in der gleichen Aufmachung wie vorliegendes Buch bislang folgende Titel erschienen:
- Art déco
- Empire- und Biedermeiermöbel
- Modeschmuck
- Porzellan

Ab Herbst 1996 lieferbar:
- Postkarten
- Uhren

Ab Frühjahr 1997 lieferbar:
- Asiatica
- Möbel

Zahlreiche Titel zu den Bereichen Antiquitäten und Sammeln sind sowohl im Battenberg Verlag als auch in der Taschenbuchreihe Heyne-Antiquitäten erschienen. Von Ullstein gibt es Handbücher zu den wichtigsten Antiquitätenthemen.
Auf den Bereich Puppen und Spielzeug ist der Cieslik Verlag spezialisiert. Zu neueren Sammelgebieten erscheinen hin und wieder in kleineren Verlagen oder im Selbstverlag Kataloge. Sie werden meist in den einschlägigen Sammlerzeitschriften beworben.

Markenbücher

Johann G. Th. Graesse
Führer für Sammler von Porzellan und Fayence, Steinzeug, Steingut usw.
München 1982
Seit Jahrzehnten das Standardwerk für Keramik!

Jana Kybalová
Keramikmarken aus aller Welt
Augsburg 1992
Handliches Büchlein.

Dieter Zühlsdorff
Markenlexikon. Porzellan und Keramik Report 1885 – 1935
Bd. 1 Europa (Festland)
Stuttgart 1988
Marken, Monogramme, Signets, Firmen-Dokumentationen und Künstler-Biographien.

Ludwig Danckert
Handbuch des europäischen Porzellans
München 1992
Das Nachschlagewerk der Profis. Inzwischen in 6. Auflage erschienen und sehr umfangreich.

Marietta Klingenbrunn
Deutsche Porzellanmarken von 1708 bis heute
Augsburg 1992
Handliches Büchlein der wichtigsten deutschen Porzellanmarken.

Jan Diviš
Silberstempel aus aller Welt
Augsburg 1992
Handliches Büchlein. Marken typologisch geordnet.

Marc Rosenberg
Der Goldschmiede Merkzeichen
4 Bände
Berlin 1922 – 1928
Umfangreiches Standardwerk für Gold- und Silberschmiedezeichen.

Helmut Seling/
Helga Domdey-Knödler
Europäische Stadtmarken,
die Sie nicht verwechseln sollten.
Typologie alter Goldschmiedemarken
München 1984

Thomas R. Poole
Identifying Antique British Silver
London 1988
Bestimmungsbuch (Form, Typen und Stempel) für britisches Silber von 1700 bis 1900.

Erwin Hintze
Die deutschen Zinngießer und ihre Marken
Leipzig 1921 – 1931, Neudruck 1965
7 Bände:
I Sächsische Zinngießer
II Nürnberger Zinngießer
III Norddeutsche Zinngießer
IV Schlesische Zinngießer
V Süddeutsche Zinngießer, Teil 1: Aalen – Kronach
VI Süddeutsche Zinngießer, Teil 2: Künzelsau – Sulzbach
VII Süddeutsche Zinngießer, Teil 3: Tauberbischofsheim – Zwiesel, im Anhang: Elsaß, Schweiz, Österreich und Ungarn.
Das Standardnachschlagewerk!

Zeitschriften

Weltkunst.
Aktuelle Zeitschrift für Kunst und Antiquitäten (vereinigt mit »Kunst und Antiquitäten«)
Informiert über das Geschehen im deutschsprachigen Kunst- und Auktionshandel. Aktuelle Ausstellungs-, Auktions- und Messetermine. Erscheint zweimal monatlich.

Antiquitäten-Zeitung
Informiert über das Auktionsgeschehen und über Preisentwicklungen generell. Aktuelle Termine. Erscheint alle zwei Wochen.

Sammler Journal
Schwerpunkt klassische Antiquitäten sowie neuere Sammelgebiete. Aktuelle Termine aller Antik-, Trödel- und Flohmärkte in und um Deutschland. Erscheint monatlich.

Trödler & Magazin Sammeln
Schwerpunkt neuere Sammelgebiete, Puppen und Spielzeug sowie angewandte Kunst des 20. Jahrhunderts. Aktuelle Veranstaltungshinweise. Erscheint monatlich.

Zu einigen Themen erscheinen Spezialzeitschriften – etwa zu Uhren und Armbanduhren, Puppen –, die in gut sortierten Zeitschriftenhandlungen und Bahnhofsbuchhandlungen erhältlich sind.

Allgemeine Sammlerinfos

Elisabeth Scherrer
Kunst und Antiquitäten sammeln
München 1994
Hier werden alle Fragen zum Thema Einkauf, Versteigerungen etc. knapp und übersichtlich abgehandelt.

Günther Picker
Antiquitäten, Kunstgegenstände.
Recht, Steuer, Versicherung
München 1988

Günther Picker
Kunst und Antiquitäten.
Praxis und Recht von A – Z
Schwäbisch Hall 1988

Günther Picker
Praxis des Kunstrechts
München 1990
Alle Titel von Günther Picker befassen sich mit Fragen des Kunst- und Antiquitätenrechts.

Weltkunst-Index

Wer sich für spezielle Künstler (Maler, Bildhauer, Architekten und Kunsthandwerker) interessiert, dem sei der WELTKUNST-Abbildungsindex empfohlen (zur »Weltkunst« siehe oben).
Der von Thomas Leon Heck erstellte Index ermöglicht schnellen Zugriff auf weit über 90.000 Abbildungen nicht nur des redaktionellen Teils, sondern auch der Anzeigen. Allerdings sind nur Werke und Objekte erfaßt, die sich mit einem Künstlernamen verbinden lassen.
Lieferbar auf Diskette oder in Buchform über:
Noûs Verlag
Thomas Leon Heck
Eichhaldenstraße 19
72074 Tübingen
Tel. + Fax 0 70 71/8 74 08

Museen

Es würde im Rahmen dieses Buches zu weit führen, für alle Themen sämtliche in Frage kommenden Museen aufzulisten. Daher mußten wir eine Auswahl treffen.
Kunstmuseen sind praktisch in allen größeren und kleineren Städten vorhanden und meist bekannt. Sie werden daher hier nicht besonders aufgeführt.
Exponate zu den klassischen Antiquitätenthemen wie Porzellan, Glas, Silber usw. finden Sie üblicherweise in des Landes- und Kunstgewerbemuseen. Im folgenden wurden daher – von wenigen Ausnahmen abgesehen – nur Museen aufgeführt, die für den jeweiligen Antiquitätenbereich eine besonders wichtige Rolle spielen.

Infos

Africana, Asiatica

Objekte des afrikanischen und asiatischen Kulturkreises werden in Völkerkundemuseen ausgestellt, u. a. im:

Museum für Völkerkunde
Lansstraße 8
14195 Berlin

Staatliches Museum für Völkerkunde
Maximilianstraße 42
80538 München

Linden-Museum
Hegelplatz 1
70174 Stuttgart

Museum für Völkerkunde
Neue Hofburg
Heldenplatz
A-1014 Wien

Museum für Völkerkunde
Augustinergasse 2
CH-4001 Basel

Art déco

Bröhan-Museum
Landesmuseum für Jugendstil,
Art Deco und Funktionalismus
(1889 – 1939)
Schloßstraße 1a
14059 Berlin

Badisches Landesmuseum
Zweigmuseum (am Markt)
Karl-Friedrich-Straße 6
76133 Karlsruhe

Österreichisches Museum für angewandte Kunst
Stubenring 5
A-1010 Wien

Musée des Arts Décoratifs
Pavillon de Marsan (Louvre)
109, Rue de Rivoli
F-70001 Paris

Victoria & Albert Museum
Cromwell Road
GB-London SW 7

Fayence/Keramik/Steinzeug

Hetjens-Museum/
Deutsches Keramikmuseum
Schulstraße 4
40213 Düsseldorf

Germanisches Nationalmuseum
Kartäusergasse 1
90402 Nürnberg

Glas

Bröhan-Museum
Landesmuseum für Jugendstil,
Art Deco und Funktionalismus
(1889 – 1939)
Schloßstraße 1a
14059 Berlin

Glasmuseum
Am Bahnhof 3
34376 Immenhausen

Kunstmuseum mit
Glasmuseum
Hentrich
Ehrenhof 5
40479 Düsseldorf

Glasmuseum Frauenau
Am Museumspark 1
94258 Frauenau (Bayerischer Wald)

Steirisches Glasmuseum
Hochregisterstraße 1
A-8572 Bärnbach

Jugendstil

Bröhan-Museum
Landesmuseum für Jugendstil,
Art Deco und Funktionalismus
(1889 – 1939)
Schloßstraße 1a
14059 Berlin

Hessisches Landesmuseum
Friedensplatz 1
64283 Darmstadt

Badisches Landesmuseum
Zweigmuseum (am Markt)
Karl-Friedrich-Straße 6
76133 Karlsruhe

Österreichisches Museum für angewandte Kunst
Stubenring 5
A-1010 Wien

Möbel

Die meisten Heimat-, Stadt- und Landesmuseen verfügen über eine mehr oder weniger bedeutende Möbelsammlung. Permanent ausgestellt ist meist nur ein kleiner Teil des Bestandes.

Porzellan

Porzellansammlung
Sophienstraße
01067 Dresden

Schloß Charlottenburg
Belvedere
Luisenplatz
10585 Berlin
KPM-Porzellan.

Bröhan-Museum
Landesmuseum für Jugendstil,
Art Deco und Funktionalismus
(1889 – 1939)
Schloßstraße 1a
14059 Berlin

Museum der Porzellanmanufaktur
Fürstenberg
37699 Fürstenberg (Weser)

Schloß Benrath
Benrather Schloßallee 104
40597 Düsseldorf
Frankenthaler Porzellan.

Historisches Museum
Saalgasse 19
60311 Frankfurt/Main
Höchster Porzellan.

Meißener Porzellansammlung
Schloß Lustheim
85764 Oberschleißheim

Österreichisches Museum für
angewandte Kunst
Stubenring 5
A-1010 Wien

Keramische Sammlung des
Landesmuseums
Zunfthaus zur Meisen
Münsterhof 20
CH-8023 Zürich

Postkarten

Altonaer Museum
Museumstraße 23
22765 Hamburg
*Veranstaltet häufig Postkarten-
Ausstellungen.*

Spielzeug- und Puppenmuseen

Spielzeug- und Puppenmuseen gibt
es in Hülle und Fülle. Hier eine
kleine Auwahl:

Erzgebirgisches Spielzeugmuseum
Ernst-Thälmann-Straße 73
09548 Seiffen/Erzgeb.

Puppenmuseum
Legge
Am Markt
49545 Tecklenburg

Spielzeugmuseum
Nagelstraße 4–5
54290 Trier

Hessisches Puppenmuseum
Parkpromenade 4
63454 Hanau-Wilhelmsbad

Spielzeugmuseum im
Alten Rathausturm
Marienplatz
80333 München

Spielzeugmuseum der
Stadt Nürnberg
Karlstraße 13–15
90403 Nürnberg

Museum der Deutschen
Spielzeugindustrie
Hindenburgplatz
96465 Neustadt b. Coburg

Spielzeugmuseum
Beethovenstraße 10
96515 Sonneberg/Thür.

Schloßmuseum
Schloßplatz 1
99310 Arnstadt/Thür.

Kinderweltmuseum
Schloß Walchen
A-4870 Vöcklamarkt

Spielzeugmuseum
Bürgerspitalgasse 2
A-5020 Salzburg

Zürcher Spielzeugmuseum
Fortunagasse 15
CH-8001 Zürich

Schmuck

Schmuckmuseum im Reuchlinhaus
Jahnstraße 42
75173 Pforzheim

Silber

Kunsthandwerk aus Silber findet
sich in allen Landesmuseen sowie in
den Schatzkammern, etwa der
Schatz- und Silberkammer der
Münchner Residenz.

Teppiche

Museum für Islamische Kunst
Arnimallee 23/27
14195 Berlin

Victoria & Albert Museum
Cromwell Road
GB-London SW 7

Uhren

Wuppertaler Uhrenmuseum
Poststraße 11
42103 Wuppertal

Germanisches Nationalmuseum
Kartäusergasse 1
90402 Nürnberg

Bayerisches Nationalmuseum
Prinzregentenstraße 3
80538 München

Uhrenmuseum
Schulhof 2
A-1010 Wien

Musée de l'Horlogerie
15 Route de Malagnou
CH-1208 Genf

Musée International d'Horlogerie
20 Rue des Musées
CH-2301 La Chaux-de-Fond

Musée d'Horlogerie
Château des Monts
CH-2400 Le Locle

Museum der Zeitmessung Beyer
Bahnhofstraße 31
CH-8001 Zürich

Zinn

Kunst- und Gebrauchsobjekte aus
Zinn werden nicht nur in den großen
Landesmuseen, sondern häufig auch
in Heimatmuseen ausgestellt.

Sachverständige

Hüten Sie sich vor selbsternannten Gutachtern und Experten! Und seien Sie sich über eines im klaren: Gutachten, Expertisen und Zertifikate gelten immer nur als persönliche Meinungsäußerung desjenigen, der diese Dokumente ausstellt. Juristisch gesehen besitzen sie keine Verbindlichkeit (siehe dazu auch S. 22 f.).

Öffentlich bestellte und vereidigte Sachverständige

Wünschen Sie ein seriöses Gutachten, dann wenden Sie sich am besten an ihre örtliche Industrie- und Handelskammer. Dort wird man Ihnen Namen und Adresse eines für Ihr Interessengebiet zuständigen Sachverständigen nennen.
Nach einem teuren Kauf kann es beispielsweise sinnvoll sein, sich noch während der sechsmonatigen Frist, während der der Verkäufer für auf der Rechnung gemachte Angaben geradestehen muß (siehe S. 27), von der Korrektheit der Angaben zu überzeugen.

Einteilung der Sachverständigengebiete

Der Bereich »Kunst und Antiquitäten« gliedert sich in folgende 42 Bereiche:

1. Europäische Gemälde bis ca. 1550
2. Europäische Gemälde von 1550 bis 1800
3. Europäische Gemälde der Romantik und des Realismus (19. Jh.)
4. Europäische Gemälde des Impressionismus und der klassischen Moderne (19./20. Jh.)
5. Europäische zeitgenössische Gemälde 20. Jh.
6. Europäische Plastik bis 1550
7. Europäische Plastik von 1550 bis 1800
8. Europäische Plastik des 19. Jh.
9. Europäische zeitgenössische Plastik
10. Europäische Handzeichnungen bis 1550
11. Europäische Handzeichnungen von 1550 bis 1800
12. Europäische Handzeichnungen der Romantik und des Realismus (19. Jh.)
13. Europäische Handzeichnungen des Impressionismus und der klassischen Moderne (19./20. Jh.)
14. Europäische zeitgenössische Handzeichnungen
15. Europäische Bücher und Druckgraphik bis 1900
16. Europäische Bücher und Druckgraphik des 20. Jh.
17. Europäische Gegenstände der Gold- und Silberschmiedekunst (außer Schmuck) bis 1900
18. Europäische Gegenstände der Gold- und Silberschmiedekunst (außer Schmuck) des ausgehenden 19. Jh. und des 20. Jh. (Historismus, Jugendstil, Art déco)
18a. Europäische Schmuckgegenstände bis 1900
19. Europäische Keramik bis 1850
20. Europäische Keramik von 1850 bis zur Gegenwart
21. Europäisches Glas bis 1850
22. Europäisches Glas von 1850 bis zur Gegenwart
23. Europäische Gegenstände aus edlen Metallen (außer Uhren, Waffen, Instrumente) bis 1850
24. Europäische Gegenstände aus unedlen Metallen (außer Uhren, Waffen, Instrumente) von 1850 bis zur Gegenwart
25. Europäische Uhren bis 1900
26. Europäische wissenschaftliche Instrumente bis 1900
27. Europäische Waffen bis 1900
28. Münzen und Medaillen einschließlich Antike und und außereuropäische Länder
29. Europäische Möbel bis 1850
30. Europäische Möbel ab 1850, 19./20. Jh. (Historismus, Jugendstil, Art déco)
31. Europäische Textilien bis 1930
32. Europäische Musikinstrumente
33. Ikonen
34. Europäische Volkskunst und Volkskunde
35. Antiken
36. Gegenstände der ostasiatischen Hochkulturen (China, Japan, Korea)
37. Gegenstände der südostasiatischen Hochkulturen
38. Gegenstände des nordamerikanischen Kulturkreises
39. Gegenstände der Völkerkunde (Südsee, Afrika, Nordamerika, Mittel- und Südamerika)
40. Europäische Ur- und Vorgeschichte
41. Jugendstil/Art déco

Zahlreiche Antiquitätenthemen fallen nach dieser Einteilung in mehrere Bereiche, »Porzellan« beispielsweise in:
19. Europäische Keramik bis 1850
20. Europäische Keramik von 1850 bis Gegenwart
41. Jugendstil/Art déco

Stichwortregister

Die Zahlen verweisen auf die jeweilige Seite. *Kursiv gesetzte Seitenhinweise beziehen sich auf Seiten mit Abbildung.*

Abbildungsnachweis 30, 31
Abstrakte Bilder 79
Abstrakter Expressionismus 79
Adam, Julius 57
Africana 33 – 36
Allegorie 11
Alpaka 125
Altenberger Steinzeug *136*
Amman, Jost 69
Amphora 11
Andachtsgraphik 14
Anilinfarben 11
Anna selbdritt 11, *102*
Annaberger Steinzeug *136*
Antikisieren 11
Antiquität, Definition 9
Antiquität, Marktwert 10
Antiquität, Qualität 9, 10
Antiquitätenfachhandel 27
Antiquitätenmessen 27
Appliken 11
Aquatinta 68
Arabeske 11
Archaisch 11
Arkade 11
Armbanduhr 143, *150*
Art déco 11, 16, 37 – 43, 85
Art déco, Glas *60*
Art déco, Möbel *100*
Art nouveau 11, 14
Artaria Comp. 72
Arts-and-Crafts-Bewegung 11
Asiatica 44 – 49
Aufbewahrung 18, 19
Aufgeld 25
August der Starke 107
Auktionen 27
Auliczek, Dominikus *113*
Ägyptomanie 13

Baccarat 67
Baekeland, Leo 41

Bakelit 37, *41*
Baluster 12
Bandelwerk 12
Barbie 129
Barks, Carl *155*
Barock 12, 16, 85
Barock, Möbel *86 – 91*, 97
Barrias, Louis Ernst *104*
Baselitz, Georg 84
Bauernmöbel *91*
Bauhaus 12, 16
Beistelltisch 12
Bergère 12
Berliner Eisenschmuck *123*
Bernhardt, Sarah 116
Beschauzeichen 12
Betrug 22
Beuys, Joseph 83, 101
Bianconi, Fulvio 65
Biedermeier 12, 16, 85
Biedermeier, Möbel *92 – 96*
Bieternummer 25
Bildauswahl 29
Bildgeber 30, 31
Bing, Gebr. *133*
Bing, Samuel 11
Birckle, J. *97*
Blanc de Chine *46*
Blankschnitt 61
Blauweiß-Porzellan *12, 25*, 50, 51
Blechspielzeug 129
Bleikristall 12, 60
Blendarkade 11
Blindholz 12
Boisserée, Gebrüder 8
Bone China 12
Bonheur, Isidore *104*
Boucher, Marcel 119
Boulle, André Charles 12
Boulletechnik 12
Bozzetto 12
Böhmen, Glas *63*, 77
Böttger, J. F. 14, 106
Brandt, Edgar *39*
Briefbeschwerer 14, *67*
Brillanten 119
Britanniametall 13

Bronzepest 13
Buchillustration 69
Bugatti, Carlo 99
Bugholzmöbel 13
Bunzlauer Steinzeug *137*
Bustelli, F. A. 106, 113
Bürkel, Heinrich 58

Carette *133*
Carillon 145
Caspers *144*
Cassius, Andreas 62
Castellani 121
Chagall, Marc 24, 79, *82*
Chanel, Gabrielle 124
Charpentier, Alexandre 75
Châtelaine 13
Chinoiserien 107
Chippendale 16
Chromolithographie 68, 115, *116, 117*
Chryselephantin *104*
Cire perdue 121
Comic-Hefte 155
COVEM 66
Cranach d. Ä., Lucas 81, *55*
Creussener Steinzeug *135*

Dadaismus 79
Dalí, Salvador 79
Daum 64, 77
Delfter Fayencen 50
Devaranne, S. P. *123*
Diamanten 119, *120*
Diel, Nicolaus 52
Disneyana *154, 155*
Dix, Otto *81*
Doublieren 13
Druckgraphik 68 – 73, 79
Dunand, Jean 43
Dürer, Albrecht 54, 55

Early Georgian 16
Ebenist 13
Egell, Paul *103*
Eichrodt, Ludwig 12
Eierstab 13

167

Eisenberg 119, *123*
Elfenbein *104*
Email *121*
Emailschild *156*
Empire 13, 16, 85
Empire, Möbel *92*
Ende, Hans am 80
Englische Möbel *91*
Etagère 13
Ethnographica 33
Expertisen 22, 23, 54, 166
Expressionismus 16, 79

Faenza 50
Fassung 13
Fatschenkinder 14
Fauteuil 13
Fauvismus 79
Fayence 46, 50 – 53
Fälschung 20, 21, 54
Feingehalt 12, 15
Fifties *13*, 14
Firnis 14
Flachdruck 68
Flachgewebe *142*
»Fliegende Blätter« 12
Flohmärkte 27, 28
Futurismus 79
Fürstlich Stolbergsches Hüttenamt 76

Gallé, Émile 64, 77
Gariboldi, G. *72*
Geckler, E. G. *144*
Geiss, J. C. *123*
Geldanlage 26
Gemälde 54 – 59, 80, 84
Genevresi, Tommaso *72*
Geschäftsbedingungen 27
Gestellmacher 13
Gestohlene Ware 28
Getty-Museum 8
Gewährleistung 27
Giacometti, Diego *105*
Giuliano, Carlo *121*
Glas 40, 60 – 67, 77
Glaskrankheit 14
Glockenwerk *145*
Goethe, J. W. von 89
Gogh, Vincent van 8, 24
Goldrubinglas 62
Gotik 16

Graphik 68 – 73
Gray, Eileen 37, 43
Gropius, Walter 12
Grottenwerk 15
Gruen *150*
Gründerzeit 14, 16
Gründerzeitstil 85, *98*
Grützner, Eduard 56
Gutachter 22, 23, 166

Hacker, David *92*
Hammerpreis 25
Hartporzellan 14
Haskell, Miriam 119
Hausratversicherung 23
Hentschel, Konrad 78
Heubach *130*
Historismus 14, 16, 85
Hochdruck 68
Hoeroldt, J. G. *107*
Hoese, Peter 88
Holzschnitt *49*, 68, 69
Homann, J. B. 71
Hondt d. Ä., Jodocus 70

Inro *48*
Indikationen *147*
Intarsien 14, 15

»Jugend« 14
Jugendstil 14, 23, 16, 27, 74 – 78, 85
Jugendstil, Glas 60, *64*
Jugendstil, Möbel *99, 100*

Kaltbemalung 50
Kapitalanlage 25
Katalogisierung 18, 19
Kändler, J. J. *106*, *109*
Kiefer, Anselm 84
Kirchner, E. L. 79
Kirchner, Raphael *116*
Kistler 13
Klassische Moderne 79
Klee, Paul *115*
Klein, Yves 83
Kleinanzeigen 28
Klosterarbeiten 14
Knochenporzellan 12
Knotendichte *138*
Kobaltblau 12
Koester, Alexander 59, 79
Komplikationen *147*

Konjunkturschwankungen 10
Konstruktivismus 79
Konvolut 14
Korallen *122*
Kothgasser, Anton 63
Kristallglas 60
Kruse, Käthe *129*
Kubismus 79
Kunckel, Johann 62
Kupferstich 68, *69*, *70*
Kuriosa 33
Kußmaul, Adolf 12

Lack *43*, *48*, *49*
Lalique, René 37, *40*, 60
Lampe 76
Landberg, Nils 65
Landkarten *70*, *71*
Late Georgian 16
Lederer, Jörg *102*
Lehmann *133*
Lele 36
Leuteritz, E. A. *110*
Lichtechtheit 11
Lichtenstein, Roy 24
Liebig, Firma 15
Likarz, Maria *117*
Limit 26
Limoges *43*, *121*
Linolschnitt *81*
Lithographie 68, *81*, *82*
Loetz Wwe. 77
Louis Philippe 16
Louis Quatorze 16
Louis Quinze 14, 16, 85
Louis Seize 14, 16, 85
Luftfeuchtigkeit 17

Maillechort *125*
Majolika 50
Majolika-Manufaktur Karlsruhe 78
Mandala *45*
Marcolini, Graf Camillo 108
Mariage 22
Marken 21, 22
Marketerie 12, 14
Marktlage 24, 25
Marseille, Armand *130*
Matisse, Henri 24
Mattschnitt *61*
Märklin 129, *133*
Meegeren, Han van 9

Mehrwertsteuer 25
Meißener Porzellan 78, 106, 107–111
Menuisier 13
Merkatorprojektion 70
Micky Maus 118
Millefiori 66, 67
Miró, Joan 24, 79, 82
Mitbieten, persönlich 25, 26
Mitbieten, schriftlich 26
Mitbieten, telefonisch 26
Moderne Kunst 79–84
Modersohn-Becker, Paula 80
Modeschmuck 119, 123, 124
Modigliani, Amadeo 24
Monet, Claude 24
Morris, William 11
Möbel 38, 39, 47, 75, 85–100
Mucha, Alfons 116
Mueller, Otto 79
Muffelfarben 50, 52, 53
Murano 65, 66
Murrine 66
Muschelwerk 15
Müller, Albin 76

Nachkriegszeit 16
Napoleon 13
Netsuke 48
Neue Sachlichkeit 79, 81
Neue Wilde 79
Neusilber 125
Nolde, Emil 24

Ojime 48
Oktoberfestkrug 153
Olbrich, Joseph Maria 76
»Omastil« 14
Original 20, 21
Orrefors 65
Ortelius, Abraham 70
Ozier 14

Paperweight 14, 67
Pasticcio 15
Patek Philippe 150
Patina 15, 18
Penck, A. R. 84
Persischer Knoten 138
Perückenkopf 42
Peters, Anna 57
Pflege 17

Pfohl, Karl 63
Picasso, Pablo 8, 24, 79, 81
Picquot Ware 41
Pittoni, G. B. 55
Plakat 156
Plastik 101–105
Plated silver 125, 128
Plattenrand 68
Plüschtiere 129
Pochoirverfahren 84
Polke, Sigmar 84
Pop-art 16, 79
Porzellan 46, 78, 106–114
Postkarten 115–118
Postmoderne 16
Pothier, Jean-Jacques 90
Präkolumbianische Kunst 33
Preis-Leistungs-Verhältnis 24
Preise im Buch 29
Preßglas 15
Printz, Eugène 37, 38, 100
Puderdose 43
Puppen 129, 130, 131
Putten 103

Queen Anne 16

Radierung 68
Ranftbecher 63
Raubgrabungen 101
Ravencraft, Georges 12
Regency 16
Reinstein, Hans Günther 75
Rembrandt 54
Renaissance 16
Renoir, Auguste 24
Reservistenkrug 153
Restaurator 18, 19
Restaurierung 17–20
Restaurierungskosten 19, 20
Reznicek, Ferdinand von 117
Régence 16
Richter, Gerhard 84
Ringer, Franz 153
Rocaille 15
Rochenhaut 47
Rodin, Auguste 101
Roentgen, Abraham 15, 89
Roentgen, David 89
Rokoko 15, 16
Romanik 16
Rozsypal, Ivo 105

Ruhlmann, Jacques-Émile 37, 39
Saint Louis 67
Salonmalerei 15
Salzglasur 135
Sammelbilder 15
Sammelwürdigkeit 21
Schadensfall 23
Scharffeuerfarben 50, 51, 52
Scheffel, Viktor von 12
Schiaparelli, Elsa 119, 124
Schildkröt 129
Schinkel, K. F. 112
Schmidt d. Ä., F. C. 51
Schmuck 41, 42, 119–124
Schreibkasten 49
Schufried, Jakob 63
Schverer & Co. 23
Schweizer, H. 112
Seutter, Matthäus Georg 71
Signaturen 21, 22
Silber 125–128
Silberlegierungen 125
»Simplicissimus« 117
Skulpturen 101–105
Spekulationsobjekt 25
Spielzeug 129–133
Spitzweg, Carl 56
Stahlstich 68
Stange, F. H. 127
Steiff 129, 132
Steingut 78, 134
Steinschönau 63
Steinzeug 14, 134–137
Stijl, de 79
Stile Liberty 14
Stilmöbel 15, 85, 97, 98
Surrealismus 16, 79

Tachismus 79
Tang-Pferd 47
Taschenuhr 143, 149, 150
Teddybären 129, 132
Teppiche 138–142
Terillo da Feltre, Francesco 102
Textilien 152
Thangka 45
Thelott, Israel 126
Thoma, Hans 78
Thonet, Michael 13
Tiefdruck 68
Tiffany, L. C. 64, 76, 77
Tizian 54

Stichwortregister

Toso, Ermanno 66
Trembleuse 120
Tremulierstrich 15
Trifari 119, *124*
Trödelmärkte 27
Tschirnhaus, E. W. von 106
Türkischer Knoten *138*

Uhren 76, *143–150*
Uhrenständer 39
Urbino 50
Überraschungseierfiguren *157*

Varia *151–157*
Velde, Henry van de 100
Venedig, Ansicht 72, 73
Venini 65, 66
Vereinigte Möbelfabriken
    Germania 75

Verfälschung 20, 21
Vermeer 9
Versichern 23
Versteigerung 25, 26
Vetro pezzato 65
Victoria, Königin 15
Viktorianischer Stil 15, 16
Volute 15
Vorbesichtigung 25

Wachsarbeiten 14
Wandleuchter 11
Weigel, H. 69
Weißkupfer 125
Werbebildchen 15
Werkbund 16
Westerwälder Steinzeug *137*
Wiederbeschaffungswert 23
Wiener Barock 15

Wiener Sezession 74
Wiener Werkstätte 74, 75, *117*
Wiking 129
Wopfner, Josef 58
Worpswede 80

Ziegler, J. 72
Zigarettendose *43*
Zinn *158–161*
Zinnfraß 158
Zinnpest 158
Ziselierstrich 15
Zopfstil 14, 15
Zuschlag unter Vorbehalt 26
Zuschlagpreis 25
Zuschreibungen 54
Zügel, Heinrich von 59, 79
Zweites Biedermeier 15, *96*
Zwiebelmuster 46, 111

Auktionen in Köln

Lucas Cranach d.Ä. „Die Madonna mit den Erdbeeren"
Öl auf Holz, 49 x 34 cm; Schätzpreis: DM 240.-280.000,--
Ergebnis Herbst '95: DM 366.000,--
(Höchstpreis für ein Altmeistergemälde in den deutschen Auktionen 1995)

Unsere Auktionen Alte Kunst und Kunstgewerbe, Moderne und Zeitgenössische Kunst, Photographie, Afrikanische und Ostasiatische Kunst finden regelmäßig im Mai/Juni und November/Dezember statt. Einlieferungen sind jederzeit willkommen.
Unsere Experten beraten Sie gerne!

LEMPERTZ
gegründet 1845

KUNSTHAUS LEMPERTZ · NEUMARKT 3 · 50667 KÖLN · TEL. 0221 / 92 57 29-0 · FAX 92 57 29 6
Brüssel · New York · Buenos Aires · Tokyo · Hamburg · Berlin · München

SUCHE HOCHWERTIGE EINZELSTÜCKE
SOWIE GANZE SAMMLUNGEN
FÜR MEINE SPEZIALAUKTIONEN

ALTE BIERKRÜGE

KUNSTAUKTIONATOR: DIPL.-KFM. JOHANNES VOGT
ZUGSPITZSTRASSE 3A   82319 STARNBERG/SÖCKING
TEL. 08151/735 55   FAX 08151/735 75   D1FU 0171/6273555

AUKTIONSHAUS
INEICHEN · ZÜRICH

CH-8004 Zürich · Badenerstrasse 75 · Telefon 01 – 242 39 44 · Telefax 01 – 242 91 41

Tourbillon Glashütte   *Feuerzeug mit Uhr Movado*   *Patek Philippe*

BEDEUTENDE SPEZIALAUKTIONEN · FRÜHJAHR UND HERBST
Uhren · Schmuck · Feuerzeuge · Blechspielzeug · Eisenbahnen
Einlieferung jederzeit. Reich illustrierte Kataloge.

SCHLAPKA KG

Möbel und Kunst des Biedermeier

Gabelsbergerstraße 9 · D-80333 München
Telefon (089) 28 86 17

Öffnungszeiten: Mo–Fr 10–18 Uhr, Sa 10–12 Uhr
Messetelefon (0171) 8 70 99 10

Unser Angebot umfaßt:

Biedermeier-Möbel als ideale Grundlage für die moderne Wohnkultur

z. B. sechs gleiche Stühle,
Tisch, Sofa, Anrichte, Schreibschrank,
Schrank, Kommode usw.

Biedermeier-Möbel als Sammlungsstücke

z. B. Etagère aus dem Besitz der
Königin Thèrese (1792–1854), Gemahlin
König Ludwig I. von Bayern

Gemälde und Skulpturen 1780–1850

u. a. Landschaften, Interieurs, Porträts

Reliefkrug, Zinn, *Annaberg,* um 1600, Mz.: Chr. Geriswalt. Höhe 15,8 cm.
Provenienz: Sammlung Baurat Manz, Stuttgart.
Beschreibung des Krugs bei: E. Hintze, Sächsische Zinngießer, Nr. 22.

FRIEDER AICHELE

Kunsthandel

Altes Zinn

Alte Keramik: Steinzeug,
Fayencen, chines. Porzellan

Ankauf – Verkauf – Gutachten

Calwer Straße 38, 70173 Stuttgart
Telefon 07 11/2 36 46 13, Fax 07 11/2 36 05 48

KLAUS SPINDLER

Möbel des Empire
& Biedermeier

Baaderstraße 45 · 80469 München
Tel. + Fax (089) 20 16 168

Einlieferungen

für unsere monatlichen Auktionen mit Varia, Kunst und Antiquitäten

nehmen wir jederzeit gerne entgegen:
u.a. wertvolle Einzelstücke der Bereiche:

- Alte und Moderne Grafik, Gemälde
- Vitrinenobjekte, Varia u. Volkskunst
- Glas-, Porzellan- u. Keramikobjekte
- Silber u. Schmuck
- Möbel u. antike Eintrichtungsgegenstände

Wir sind Ihnen aber auch bei der Auflösung ganzer Sammlungen u. Nachlässe mit Kunst und Antiquitäten behilflich.

URSULA NUSSER

Abb.: 5 Teller.
Hexagramm-Marke Nymphenburg 1755-1765
Auktionserlös: DM 4600,–

Einlieferung nach Terminabsprache zu unseren Geschäftszeiten:
Di.-Fr. von 10.00-13.00 u. 14.00-17.30

AUKTIONSHAUS · NORDENSTR. 46-48 · 80801 MÜNCHEN · TEL. 089/27 22 150 · FAX 089/27 18 829

Treibarbeit als Teil eines großen Bestattungsstûpa, Zentraltibet, Kloster gDan sa mthil (Densatil), frühes 15. Jahrhundert, Maße: 52,5×17 cm

Joachim Baader
SCHOETTLE OSTASIATICA

Galerie für tibetische Kunst

Ludwigstraße 11, Eingang Oskar-von-Miller-Ring, D-80539 München, Telefon 089/28 49 41, Fax 089/28 49 47
Öffnungszeiten: Dienstag bis Freitag 10–13 und 15–18 Uhr, Samstag 10–13 Uhr, Montag geschlossen

Antiquitäten Hensoldt, Wetzlar

Vier gleiche Biedermeier-Lyra-Schaufelstühle, süddt., um 1825, Nußbaum massiv und furniert

Biedermeier-Standuhr, Kirschbaum auf Nadelholz, Rheinland, um 1830

Kunsthandel Rainer M. Hensoldt
Ladengeschäft: Schillerplatz 3
Ausstellung: Werther Straße 29, 35578 Wetzlar
Telefon 064 41/4 27 20 und 01 71/4 06 02 17
Telefax 064 41/41 02 88

Weitere Veröffentlichungen in der Reihe

WELTKUNST Antiquitäten-Führer

Bereits erschienen:

»Art déco – Der Stil der 20er und 30er Jahre«
»Empire- und Biedermeiermöbel«
»Modeschmuck aus drei Jahrhunderten«
»Porzellan von Meißen bis zur Gegenwart«
»Postkarten«

In Vorbereitung:

»Asiatica«
»Möbel«
»Gemälde des 19. Jahrhunderts«

Deutscher Kunstverlag GmbH München Berlin
Nymphenburger Straße 84 · 80636 München
Tel. 089/12 15 16-24 / Fax 089/12 15 16-16